中央财经大学中央高校基本科研业务费专项资金资助

（Supported by the Fundamental Research Fund for the Central University，CUFE）

金融一体化背景下的经济周期跨国传导

危机传递与风险防范研究

唐爱迪◎著

经济管理出版社

ECONOMY & MANAGEMENT PUBLISHING HOUSE

图书在版编目（CIP）数据

金融一体化背景下的经济周期跨国传导 ：危机传递
与风险防范研究 / 唐爱迪著. -- 北京 ：经济管理出版
社，2024. -- ISBN 978-7-5096-9964-5

Ⅰ．F014.8；F830.2

中国国家版本馆 CIP 数据核字第 20245LU511 号

组稿编辑：谢　妙
责任编辑：谢　妙
责任印制：许　艳
责任校对：陈　颖

出版发行：经济管理出版社
　　　　　（北京市海淀区北蜂窝 8 号中雅大厦 A 座 11 层　100038）
网　　　址：www. E-mp. com. cn
电　　　话：(010) 51915602
印　　　刷：北京市海淀区唐家岭福利印刷厂
经　　　销：新华书店
开　　　本：720mm×1000mm/16
印　　　张：10.75
字　　　数：176 千字
版　　　次：2024 年 10 月第 1 版　　2024 年 10 月第 1 次印刷
书　　　号：ISBN 978-7-5096-9964-5
定　　　价：68.00 元

目　录

第一章

导　论

第一节　研究背景

金融一体化如何影响经济周期的跨国传导，即不同国家间的经济周期协同性（Business Cycle Synchronization），一直是国际宏观领域的重要议题。经济周期协同性体现为国家间经济联系的紧密程度，其指的是在全球经济一体化背景下，一国或地区的经济冲击与波动通过贸易、金融等渠道传递至其他国家或地区，进而引发经济周期的协同联动现象。周期性波动作为国民经济运行的关键特征，研究国家间经济周期波动的协同性，有助于从不同视角深入剖析一国经济波动的根源与特性，并理解经济波动在国家间的传导机制。这对于分析全球化浪潮下经济周期协同性的演变及其影响因素，有效防范与化解外部风险，以及探讨发展中国家的应对策略，具有深远的理论价值和实践意义。

自 20 世纪 80 年代起，随着国际资本流动限制的逐步放宽与金融创新的迅猛推进，各国金融活动逐渐实现相互渗透与影响，从而呈现出金融一体化的鲜明发展态势。广义上，金融一体化（Financial Integration）是指世界各国和地区放松资本流动限制、开放金融业务，进而构建全球统一的金融市场，具体表现为各国金融政策的一体化倾向、证券投资的国际化以及资本流动的自由化等方面。本书主要聚焦于银行资产配置的国际化作为金融一体化的主要表征。随着全球化步伐不断加快，国家间金融市场的紧密连接成为经济周期跨国传导的重要通道，尤其是 2008 年全球金融危机的爆发将关于这一议题的讨论推向了高潮。此次由美国房地产市场引发的次贷危机迅速波及全球，甚至新兴经济体也未逃过此劫。这场金融危机不仅导致国际金融市场的剧烈震荡，而且从虚拟经济领域扩散至实体经济领域，其冲击强度之大、影响范围之广，堪称前所未有。根据世界银行的数据，全球银行跨境投资总额在 2008 年全球金融危机之前达到峰值，随后迅速下滑，2008 年全球金融危机成为全球经济一体化进程中的一个重要转折点。尽管各国纷纷采取经济刺激措施，试图突破全球经济结构性调整周期，但世界经济复苏的疲软态势仍引发了各国对经济一体化的担忧。伴随全球资本市场不确定性的加剧，"逆全球化"趋势开始显现。这也引发了新的思考：在后危机时代，这种"逆全球化"趋势是否会对以往研究中金融一体化与经济周期协同性之间的关系产生深远影响呢？

在实证研究方面，尽管近年来关于金融一体化与经济周期跨国传导的研究已经逐步进入学者的视线，但众多关于经济周期跨国传导的文献缺乏对于后危机时代以及新兴经济体的全面考量，且绝大部分聚焦在国家之间的产出协同性上，鲜有研究关注国家之间消费周期和投资周期的跨国传导。本书将从产出、消费和投资三个方面就金融一体化对主要宏观变量协同性的影响进行系统性分析，主要基于以下考量：

首先，全球金融危机后的"逆全球化"趋势要求我们重新审视金融一体化与产出协同性之间的关系，并在更长的样本时间范围内，深入剖析金融危机与非危机期间经济周期跨国传递的差异性。

其次，金融市场作为消费风险分担的关键渠道，通过资本市场和信贷市场为居民提供了资产交易和资金借贷的途径，有助于降低消费波动、分散消费风险。金融一体化的加深为风险分散和平滑消费提供了更多可能性，从而影响了国家间的消费协同水平。

再次，经济周期协同性的研究旨在提升社会整体福利。在这一目标下，考察消费水平的变动比单纯关注产出变动更为直接有效。即便在各国风险分担水平完全理想的情况下，虽然各国的产出可能出现不对称波动，但消费水平变动仍能保持高度相关。这表明产出协同性与消费协同性之间并非简单的对应关系。

最后，投资作为 GDP 的重要组成部分，是经济周期跨国传导的关键环节，投资增长率也常被视为经济周期的先行指标。因此，考虑到投资波动与经济周期波动的密切关系，深入研究投资周期的协同性，有助于我们全面验证金融一体化对经济周期跨国传递的理论机制。

综合以上考量，本书将从多个维度对金融一体化与经济周期跨国传导的关系进行深入研究，以期为相关政策制定和学术研究提供有益的参考。

在理论研究领域，尽管现有的文献已对外部冲击下经济周期的跨国传导机制进行了广泛的探讨，但大部分研究主要聚焦于外部冲击的水平影响，而忽视了冲击的波动性这一关键维度。在当前全球经济联系日益紧密，但不确定性和风险同时加剧的背景下，深入剖析外部冲击的波动性，特别是金融一体化在不确定性冲击下对宏观经济的影响机制，对于经济体应对复杂的国际环境、提升风险抵御能力以及制定有效的宏观政策来平稳经济波动，具有至关重要的理论指导意义。同时，金融一体化的利弊问题一直是政策制定者关注的焦点，但学界对此尚未形成一致的意见。因此，进一步探索金融一体化在不同条件下对社会整体福利的影响，不仅有助于我们更好地理解金融市场开放进程，还能为合理防范由此带来的金融风险提供重要的决策参考。这一研究对于指导金融市场的开放步伐以及有效管理相关风险具有重要的指导意义。

基于上述背景，本书将围绕"金融一体化背景下的经济周期跨国传导"展开逐层剖析，并试图回答如下问题：

首先，系统性研究金融一体化如何影响产出、消费和投资等主要宏观经济变量的协同性。特别地，本书将关注金融一体化与经济周期协同性之间的关系在金融危机与非危机期间是否存在显著差异，并探讨这些影响在新兴经济体中的适用性。此外，我们还将考察后危机时代的"逆全球化"趋势是否对这种关系造成影响。

其次，本书将进一步深入剖析金融一体化对经济周期协同性的影响渠道，并探讨消费协同性和投资协同性是否也会呈现出与产出协同性相似的传递规律。这将有助于我们更全面地理解金融一体化在宏观经济中的作用机制。

再次，本书将重点关注外部冲击的波动性，分析不确定性冲击对宏观经济变量协同性的影响，并探讨金融一体化在不确定性冲击跨国传导中的重要作用。这将有助于我们更好地理解经济周期波动的内在机制，并为政策制定提供有益参考。

最后，针对金融一体化是否有益的广泛讨论，本书将全面分析金融一体化在不同外部冲击下的福利收益。本书将探讨金融一体化究竟是促进了国家之间的经济周期传导，加剧了金融危机的蔓延；还是帮助各国抵御外来风险的冲击，实现了国际消费风险分担。这将为探索金融市场开放进程提供重要的政策建议和理论依据。

综上所述，本书力求在理论和实践层面为相关领域的研究提供新的思路和视角。

第二节　研究方法

本书将从实证检验和理论研究两个维度深入剖析上述问题，全面探讨金融一体化对国家间主要宏观变量协同性的影响，并进行定性和定量分析。

在实证分析方面，本书聚焦于产出、消费和投资等关键领域，系统性地研究金融一体化如何影响国家间的经济周期跨国传导。具体而言，本书利用1978~2018年全球31个国家的面板数据，通过构建面板固定效应模型，深入探究世界主要经济体之间经济周期协同性与金融一体化的内在联系，并特别关注了金融一体化在金融危机和非金融危机期间的不同作用，以期揭示其在不同经济环境下的影响机制。在回归分析中，控制了国家组合固定效应、时间固定效应和各国时间趋势项等一系列高维固定效应，以确保结果的准确性。同时，为减轻内生性问题并排除金融冲击同步性对金融一体化指标的潜在影响，研究中采用了去年同期的金融一体化指标进行回归。此外，还通过采用国家组合层面的聚类稳健标准误，有效避免了异方差、序列相关与统计量聚类特征对回归结果的干扰。为确保研究的稳健性，书中还进行了一系列严谨的稳健性检验，包括重新度量指标，以检验结果的稳定性；控制样本期间内其他金融危机的影响，以排除外部冲击的干扰；以及排除其他潜在因素对经济周期协同性的影响，从而确保结论更加准确可靠。

在理论分析方面，本书构建了一个基于开放经济的两国两部门动态随机一般均衡（Dynamic Stochastic General Equilibrium，DSGE）模型，旨在深入验证经济周期的跨国传导渠道。首先，从金融部门的核心作用出发，在第四章"金融一体化与经济周期跨国传导的理论框架"中，将金融冲击和国际银行纳入国际经济周期模型。通过脉冲响应函数（Impulse Response Function）进行分析，详细阐述了金融冲击对实际经济变量的动态影响，并深入探讨了金融一体化在金融冲击作用下影响经济周期跨国传导的理论机制，并与传统的生产率冲击进行对比。

其次，利用模型的数值模拟结果对金融一体化的作用进行了定量评估。在模型的改进与拓展部分，本书在 Kalemli-Ozcan 等（2013a）的研究基础上，进一步引入了资本利用率，从而更准确地反映了现实经济情况，并增强了模型对投资协同性的解释能力。

再次，在第五章"金融一体化与不确定性冲击下经济周期跨国传导"中，引入了递归效用函数，分别探讨生产率波动冲击和金融市场波动冲击下金融一体化对经济周期传导的影响。递归效用函数允许风险厌恶和跨期替代相互分离，从而便于灵活讨论偏好结构中风险厌恶系数和跨期替代弹性的作用，以明确区分消费者对当期和跨期消费风险的态度，弥补了常数相对风险厌恶系数（Constant Relative Risk Aversion，CRRA）效用函数不能全面刻画消费者主观属性的缺点，更加贴近现实经济特征。由于无法获得 DSGE 模型的精确解，本书采用了基于扰动项的泰勒近似方法（Perturbation Method）来寻求近似解，特别选用了高阶近似法，以克服一阶矩展开时风险溢价为零和二阶矩无法刻画风险溢价时变性的局限。这种方法的优势在于其求解精度更高，且能更准确地捕捉不确定性冲击的影响。

最后，通过模型数值模拟计算金融封闭和金融完全一体化两种极端情况下有效消费确定性等价变动的百分比，定量分析不同类型的外部冲击作用下金融一体化带来的福利变化，并进行总结和反思。

第三节　结构安排

本书的结构安排如下：

第一章为导论，阐述研究背景、提出研究问题，并简要介绍本书的主要研究方法、研究贡献及创新之处。同时，梳理了全书的结构，以期为读者提供了一个清晰的阅读框架。

第二章为文献综述，系统梳理了关于金融一体化与经济周期跨国传导的相关理论与实证文献。从冲击类型、冲击性质、国家性质、经济周期类型以及金融一体化的福利分析等多个角度，对已有研究进行了深入的归纳和总结。首先，从冲击类型的视角出发，梳理了关于金融一体化对经济周期跨国传导总体影响的相关文献，并进一步探讨了不同外部冲击类型下经济周期跨国传导的具体表现。其次，根据外部冲击的性质进行了分类讨论，分别就冲击的水平和波动性对经济周期跨国传导的影响进行了深入剖析。再次，着眼于国家异质性，对比了发达国家与新兴经济体之间在经济周期跨国传导方面的差异与共性。此外，还根据经济周期的不同分类，关注了金融一体化对其他宏观经济变量协同性的影响，特别强调了消费协同性和投资协同性在其中扮演的角色。最后，对金融一体化的成本收益以及福利测算方法进行了梳理，为全面评估金融一体化的效果提供了理论支持。本章不仅为后续的理论分析和实证研究提供了坚实的文献支撑，同时也凸显了本书研究的重要性和必要性。

第三章是实证分析部分，采用了 1978~2018 年国际清算银行（Bank for International Settlements，BIS）公布的全球 31 个发达国家和发展中国家的面板数据，从产出协同性、消费协同性和投资协同性等方面深入探究了金融一体化对经济周期跨国传递的影响。同时，对比了金融危机期间和非金融危机期间的作用差异，并进行了稳健性检验，以确保研究结果的可靠性和稳定性。

第四章构建了金融一体化与经济周期跨国传导的理论框架，深入剖析了金融冲击和生产率冲击对经济周期协同性的不同影响机制。通过脉冲响应分析，清晰地揭示了经济周期的传导渠道，为理解其作用机理提供了重要线索。此外，模型数值模拟的定量分析结果与第三章的实证结果高度一致，进一步证实了金融一体化在 2008 年全球金融危机传导中的核心作用。值得一提的是，在模型的改进与拓展部分，书中引入了资本利用率这一关键指标，显著提升了模型对投资周期协同性的刻画能力，使模型更加符合现实情况。

第五章在第四章的理论框架基础上，进一步深入探讨了不确定性冲击下的经济周期跨国传导机制。通过构建引入递归效用的国际经济周期模型，分别研究了金融一体化在生产率波动冲击和金融市场波动冲击下对经济周期传导的影响。为了验证传导机制的有效性，还通过调整冲击持续性、风险厌恶系数和跨期替代弹性等参数进行了敏感性分析。

第六章则聚焦于金融一体化的福利分析，重点探讨了在不同类型外部冲击下，金融一体化对社会整体福利的影响。通过深入分析，旨在为客观评估金融一体化的利弊、探索金融开放进程提供有力的理论指导。

第七章是对全书进行总结，从稳步扩大金融领域制度型开放、健全风险防控体系、强化流动性管理、加强国际政策协调与合作等方面提出了具体的政策建议。同时，本书也坦诚地指出了研究的局限性，并探讨了未来进一步探索的方向，为相关领域的研究提供了有益的参考。

第四节　研究贡献和创新之处

本书深入且系统地研究了金融一体化与经济周期跨国传导的关联，不仅详细剖析了生产率冲击、金融冲击等多元外部冲击的影响，还针对不确定性冲击下的金融一体化效应及传导机制进行了深入探讨，并进行了全面的福利分析。本书的创新之处主要体现在以下方面：

在实证研究层面，首先，本书从产出、消费和投资三个维度，系统性地分析了金融一体化对主要宏观变量协同性的综合影响，这对于全面揭示经济周期跨国传递的规律具有重要意义。

其次，相较于以往的研究，本书采用了时间跨度更长、国家范围更广的面板数据，对金融一体化与经济周期协同性之间的关系进行了深入的实证分析。通过这一方法，得到了一系列新的发现：在2008年全球金融危机期间，金融一体化显著加剧了国家间经济周期波动的协同性，其中消费周期和投资周期的跨国传递规律与产出周期呈现出相似的趋势；而在非金融危机时期，较高的金融一体化水平则有助于风险的分散，进而减弱了经济周期在国家间的传导，降低了国家间的产出和消费协同性。

再次，与Kalemli-Ozcan等（2013a）的研究结论有所不同，笔者观察到在金融危机期间，金融一体化与经济周期协同性之间的负相关关系不仅被削弱，甚至逆转为正向的促进作用。这意味着，各经济体间日益紧密的金融联系显著提升了各国经济周期的协同性，加速了金融危机的传播。

最后，本书在样本中加入新兴经济体后，进一步发现金融一体化与经济周期协同性之间的关系不仅适用于发达国家，同样适用于发展中国家。这一发现拓宽了研究视野，为全面理解金融一体化与经济周期跨国传导的复杂关系提供了重要依据。

在理论层面，本书在传统的国际实际经济周期（International Real Business Cycle，IRBC）模型的基础上，通过将金融冲击纳入一个包含国际银行的两国两部门动态随机一般均衡模型之中，深入剖析了在不同冲击下金融一体化影响经济周期跨国传导的理论机制。其理论贡献主要体现在以下几个方面：

首先，本书通过引入资本利用率有效改善了模型对国家之间投资周期协同性的解释能力，研究结果表明，资本利用率的调整是影响投资周期跨国传导的关键环节。加入资本利用率之后，模型在金融危机期间对金融一体化与投资协同性关系的刻画更为精准，与实证结果更为契合；同时，模型数值模拟所得的两国投资相关性也与实际数据更为接近。

其次，本书深入探讨了不确定性冲击对经济周期跨国传递的影响，并详细阐述了金融一体化在不确定性冲击下对各类宏观经济变量的作用机制。这一研究弥补了以往文献主要关注外部冲击水平而忽视冲击波动性的不足。研究发现，预防性储蓄动机在不确定性冲击跨国传导中发挥了至关重要的作用。具体而言，在生产率波动冲击下，金融一体化会削弱经济周期的协同性；而在金融波动冲击下，金融一体化则会促进经济周期的跨国传导。因此，忽视不确定性冲击将低估金融一体化对国家间经济周期协同性的影响。

最后，本书基于动态随机一般均衡模型框架，定量研究了不同外部冲击下金融一体化程度对社会整体福利的影响。研究发现，在金融一体化背景下，生产率冲击有助于通过分散消费风险来提升社会福利水平；然而，在金融危机期间，生产率冲击与金融冲击的叠加效应会加剧危机的传播，导致福利损失。同时，金融一体化使居民和企业能够通过国际金融市场进行储蓄和资金借贷，这在一定程度上削弱了预防性储蓄动机，有助于减轻不确定性冲击带来的消费波动，从而提高社会福利水平。

第二章

文献综述

本章全面梳理了关于金融一体化与经济周期跨国传导的相关理论与实证文献，从外部冲击的类型和性质、国家发展程度、经济周期类型以及福利分析等多个维度对已有研究进行了深入剖析和归纳总结。

首先，依据是否区分经济体所受冲击类型的视角，系统阐述了金融一体化对经济周期跨国传导的总体影响，并深入探讨了不同外部冲击类型下经济周期跨国传导的异质性。其次，按照冲击性质的差异，对外部冲击的水平和波动性进行了细致讨论，从而揭示了不同性质冲击下金融一体化的不同作用机制。再次，从发展程度的角度出发，对比分析了发达国家与新兴经济体之间经济周期跨国传导的异同点，为深入理解不同经济体背景下的经济周期联动提供了重要参考。此外，根据经济周期的不同分类，本章还关注了金融一体化对其他宏观经济变量协同性影响的研究，特别是消费周期协同性和投资周期协同性，从而进一步丰富了金融一体化与经济周期跨国传导的研究内容。最后，对金融一体化的成本收益和福利测算方法进行了系统梳理，为全面评估金融一体化的经济效应提供了有力支撑。

第一节 外部冲击与经济周期跨国传导

一、不同冲击类型的差异化结果

（一）生产率冲击下金融一体化对经济周期跨国传导的总体影响

这类文献主要聚焦于金融一体化对国家之间经济周期传递的总体影响。早期的国际实际经济周期（IRBC）模型认为，宏观经济波动是经济体应对外生技术冲击的有效响应，这一观点为我们理解经济周期波动提供了重要的理论基础。这些研究多侧重于分析生产率冲击对经济周期协同性的影响，如Backus 等（1992）、Baxter 和 Crucini（1995）、Heathcote 等（2002）、Kehoe 等（2002）、Baxter 和 Farr（2005a）以及 Kose 等（2006）等学者的研究均对此进行了深入探讨。

大量研究指出，金融一体化与国家间经济周期的协同性呈现正相关关系。具体而言，金融一体化程度较高的国家之间往往拥有更为同步的经济周期。例如，Kose 等（2003）的研究发现，金融开放程度高且没有资本账户管制的国家，其产出波动与世界总产出波动更为一致。Imbs（2006）利用国际货币基金组织（International Monetary Fund, IMF）的双边资产数据进行实证分析，结果显示国家间双边资产持有水平越高，即两国金融一体化程度越深，两国的产出波动便越为相似。此外，李磊等（2011）的研究也发现，更高的金融开放水平使得经济合作与发展组织（Organization for Economic Co-operation and Development, OECD）国家的投资者在中国国内进行更多投资，进而增强了中国与 OECD 国家之间的经济周期同步性。Otto 等（2001）进一步指出，OECD 国家之间对外直接投资（Foreign Direct Investment, FDI）的联系越紧密，两国的经济周期便越接近。陈磊等（2017）利用 Scalar-BEKK 模型从动态视角测算了金砖国家之间的经济周期协同性，并采用联立方程模型深入探讨了其传导机制。Cesa-Bianchi 等（2019）的研究还表明，当面临国家个体冲击而非共同冲击时，金融一体化与国家的经济周期协同性之间的正相关关系更为显著。这些研究共同揭示了生产率冲击下金融一体化对经济周期跨国传导的深刻影响。

部分文献对金融一体化与国家之间经济周期协同性的关系持不同观点。Kalemli-Ozcan 等（2001）运用 1977~1994 年 OECD 的数据进行深入研究，发现金融一体化有助于各国分担个体风险。随着资本的跨国流动，资源得以转移和重新配置，这进一步促进了国家之间的专业化分工，从而削弱了经济周期的协同性。Heathcote 等（2004）的研究通过分析美国 1986~2000 年的数据，发现随着金融一体化程度的提高，美国与其他国家的经济周期协动性反而下降。他们认为这一现象与布雷顿森林体系瓦解后，生产率冲击在美国和其他国家之间的协动性降低，以及金融一体化带来的国际投资组合多样性增加有关。这些不同的观点为我们理解金融一体化与经济周期协同性之间的复杂关系提供了多维度的视角。

（二）金融冲击下金融一体化对经济周期跨国传导的影响

2008 年全球金融危机的爆发，信贷紧缩和资产价格泡沫破灭引发了自大萧条以来最为严重的经济衰退。这次危机迅速蔓延，让人们深刻认识到金融冲击的传导机制与传统生产率冲击存在本质区别。由此，经济学界开始将更多目光聚焦于金融体系在宏观经济中的关键作用，并将金融冲击和金融市场摩擦等因素纳入宏观一般均衡模型的研究范畴。通过系统研究，旨在深入揭示金融体系与实体经济之间相互作用的内生机制，以更好地理解和应对金融冲击对经济周期跨国传导的影响。

1. 理论研究

在众多研究经济周期跨国传导的理论文献中，学者们开始重视金融一体化的作用并引入金融冲击（Devereux 等，2010，2011，2020；Kollmann 等，2011；Kalemli-Ozcan 等，2013a；Khan 等，2013；Perri 等，2018；Yao，2019）。例如，Devereux 等（2010，2011）在两国动态随机一般均衡（DSGE）模型中纳入了国家间的资产配置，以解释企业在面临抵押约束时，金融冲击和生产率冲击在经济中的不同传导机制。在此基础上，Yao（2019）进一步引入了汇率波动，并发现高度的金融一体化削弱了生产率冲击的传导，同时强化了金融冲击的传导。Kalemli-Ozcan 等（2013a）则构建了一个包含国际银行的开放经济两国 DSGE 模型，以分析生产率冲击和金融冲击下金融一体化对经济周期跨国传导的作用机制。梅冬州等（2015）也建立了一个两国 DSGE 模型，并引入了金融市场不完备性，深入探讨了技术冲击和金融市场冲击下，权益型和债权型资产互持在跨国经济周期传递中的不同作用。

在理论研究中，金融冲击的刻画方式取决于对金融冲击来源的界定。例如，一方面，Christiano 等（2014）强调信贷市场摩擦和信息不对称性导致企业贷款利率与无风险利率之间存在外部融资升水，因此将企业净资产冲击视为金融冲击。类似地，Rouillard（2018）也进行了相关研究。Kalemli-Ozcan 等（2013a）则通过风险性资产的回报率来反映全球金融危机期间金融资产缩水所带来的金融风险冲击。另一方面，Jermann 等（2012）、Kaihatsu 等（2014）、Devereux 等（2020）以及 Khan 等（2013）认为金融冲击主要源于异质性家庭的抵押约束，他们将金融冲击等同于贷款—价值比。而 Perri 等（2018）进一步将金融冲击内生化，指出信贷的可获得性取决于抵押品的价值，而抵押品的价值又是由信贷市场流动性内生决定的，为理解金融冲击的传导机制提供了更深入的视角。

2. 实证研究

在实证研究层面，Kalemli-Ozcan 等（2013a）基于 1978～2009 年 20 个 OECD 国家的季度数据，深入探讨了外部冲击类型如何影响金融一体化与经济周期波动之间的相关性。他们发现，在 2008 年金融危机之前，高度的金融一体化实际上有助于减弱经济周期在国家间的传导效应。然而，在 2008 年金融危机期间，情况发生了显著变化。金融冲击明显削弱了各国经济周期与金融一体化之间原有的负相关关系，这意味着全球金融一体化在某种程度上加剧了各国经济周期的同步波动，从而强化了危机的传导效应。Kalemli-Ozcan 等（2013a）进一步指出，当某一国家经济遭受重创时，金融一体化会使持有该国资产的其他国家的金融机构在短期内面临资产价值缩水的风险，进而导致银行信贷紧缩，对企业投资和经济产出产生负面影响，最终促使国家间经济周期的协同性上升。

（三）文献评述

随着研究的深入，越来越多的学者认识到区分冲击类型对于分析金融一体化与经济周期跨国传导关系的重要性。Cesa-Bianchi 等（2019）将冲击细分为共同冲击与国家特定冲击，并发现当面临国家个体冲击而非所有国家的共同冲击时，金融一体化与国家的经济周期协同性表现出正相关关系。与此同时，Huo 等（2019）进一步将冲击类型划分为技术冲击与非技术冲击，其中非技术冲击作为对"劳动力楔子"的概括，涵盖了粘性工资下的货币政策冲击、营运资本约束冲击、投资者情绪波动、偏好冲击等导致要素供给曲线变动的外部因素。相较于传统的技术冲击，非技术冲击在推动经济周期国际协同性方面起到了更为显著的作用。

本书对这类文献的主要贡献在于，利用一组时间跨度更长、国家范围更广的面板数据，深入探讨了在不同类型的外部冲击下，金融一体化与经济周期协同性之间的关系，并得出了新的结论。特别是在全球金融危机期间，本书发现金融一体化与经济周期协同性之间存在显著的正相关关系，这表明各国间紧密的金融联系实际上加剧了金融危机的传播与扩散。这一结论与 Kalemli-Ozcan 等（2013a）的研究结果存在显著差异，尽管他们也发现了金融一体化与经济周期协同性在金融危机期间的相关性增强，但二者之间仍呈现出负相关关系。

二、外部冲击的波动性

值得注意的是，尽管现有文献广泛探讨了金融一体化对经济周期跨国传导的影响，但无论是关于生产率冲击的研究（Backus 等，1992；Baxter 和 Kouparitsas，2005；Kose 等，2006；Kalemli-Ozcan 等，2013a），还是关于金融冲击的研究（Devereux 等，2011，2020；Kalemli-Ozcan 等，2013a；Khan 等，2013；Perri 等，2018；Yao，2019），或是其他方式刻画的外部冲击（Cesa-Bianchi 等，2019；Huo 等，2019），这些研究主要聚焦于冲击的水平特征，即冲击的大小、持续性或相关性等一阶性质。然而，它们普遍忽略了冲击的二阶矩，即外部冲击的波动性对经济周期跨国传导的潜在影响。

在全球经济不确定性日益加剧、外部经济联系越发紧密以及跨境风险不断蔓延的背景下，深入探究外部冲击的波动性对于经济体适应复杂国际环境、提升风险抵御能力以及制定宏观政策以平抑经济波动具有重大意义。近年来，越来越多的研究证实了不确定性冲击在宏观经济周期波动中的关键作用（Fernández-Villaverde 等，2011；Christiano 等，2014；Fogli 等，2015；Kollmann，2016；Colacito 等，2018；Arellano 等，2019）。因此，如何有效减轻不确定性冲击对宏观经济的负面影响，引导经济体在充满不确定性的环境中实现稳健复苏，已成为学术界和政策制定者共同关注的焦点。

（一）理论研究

在探讨开放经济中不确定性冲击对宏观经济变量影响的理论文献中，大部分研究主要聚焦于生产率冲击的不确定性（Fogli 等，2015；Backus 等，2016；Kollmann，2016；Colacito 等，2018；Hoffmann 等，2019；Silva-Yanez，2020）。虽然也有部分文献考察了政府支出冲击、消费偏好冲击、劳动力供给冲击和货币政策冲击等的不确定性（Benigno 等，2012；Mumtaz 等，2015），但鲜有研究关注金融冲击的不确定性。然而，在现实经济活动中，企业贷款利率与无风险利率之间不仅存在外部融资升水现象，国际借贷市场上的利率波动更会导致企业融资风险的上升。Fernández-Villaverde 等（2010，2011）的研究便深入探讨了小型开放经济体中实际贷款利率波动冲击对产出、消费、投资和劳动力等实际变量的影响，他们的研究表明，实际利率波动是阿根廷、巴西、厄瓜多尔和委内瑞拉等新兴经济体经济周期波动的重要驱动力。

（二）实证研究

尽管理论界对金融冲击不确定性的研究相对稀缺，但关注这一问题的实证研究非常丰富，越来越多的研究发现信贷市场是不确定性冲击传播的关键环节，金融发展水平在其中发挥了重要作用（Popescu 和 Smets，2010；Carrière-Swallow 等，2013；Gilchrist 等，2014；Caldara 等，2016；Lhuissier 等，2016；Alessandri 等，2019）。

这些实证研究通过股票市场回报率的波动性和 VIX 指数等来刻画金融冲击的波动性，并采用 VAR 或 SVAR 模型进行检验。研究结果表明，与金融发展水平较高、资本市场成熟的发达经济体相比，新兴市场经济国家由于金融发展相对滞后、资本市场不够健全，难以通过国际资本市场的风险共担机制有效分散经济风险，因此往往更容易受到不确定性冲击的负面影响。特别地，在针对中国问题的研究中，王有鑫等（2021）利用 TVP-VAR 模型深入分析了中国经济在不同周期阶段下如何受到国际金融市场波动、外部产出波动和美国贸易政策不确定性等多种外部冲击的差异化影响，并通过实证检验证实了宏观审慎政策在稳定外部冲击方面的积极作用。而王博等（2021）则通过构建 TVP-SV-VAR 模型，从企业预防性定价和居民失业风险两个维度系统地探讨了不确定性对宏观经济的影响机制。他们的研究表明，不确定性冲击在短期内可能导致经济陷入滞胀状态，其中企业预防性定价起主导作用；然而，在长期内，由于失业风险导致居民有效需求下降，经济可能陷入通缩状态。

（三）不确定性冲击的模型刻画

在刻画不确定性冲击时，递归效用函数的形式常被采用。这种函数形式的优势在于，它打破了传统效用函数中相对风险厌恶系数（RRA）与跨期替代弹性（IES）互为倒数的关系。在传统效用函数中，相对风险厌恶系数代表期内风险规避属性，而跨期替代弹性则衡量了跨期风险规避特征。递归效用函数允许这两者相互独立，从而更灵活地探讨偏好结构中风险厌恶系数和跨期替代弹性的作用。这一特性使我们能够更精确地区分消费者对当期和跨期消费风险的不同态度，弥补了常数相对风险厌恶系数（CRRA）效用函数在刻画消费者主观属性方面的不足，使之更贴近现实经济特征。在相同的跨期替代弹性系数下，风险厌恶系数越高，意味着消费者为应对不确定性所需的风险补偿越多。相反，在相同的相对风险厌恶系数下，跨期替代弹性越大，则表明居民更愿意接受消费随时间的变化，这体现了平滑消费的经济思想。

递归偏好的概念最初由 Epstein 等（1989）、Weil（1989）和 Weil（1990）提出，主要用于解释股票溢价问题以及无风险利率之谜（Colacito 等，2011，2013）。近年来，这一理论逐渐应用于国际宏观领域。一些理论研究表明，递归偏好能够显著提升传统经济周期模型对实际汇率波动的刻画能力，并用于解释实际汇率与消费水平相关性较低的现象。例如，Tretvoll（2018）认为，具有长期风险和递归偏好的模型能有效解释实际汇率的波动。Kollmann（2015a）也持相同观点，并指出这一结论与金融市场结构紧密相关。当金融市场完善，即消费风险得到有效分担时，对产出增长的持续性冲击会引发跨期边际消费替代率的波动，进而引发实际汇率的波动。类似的用递归偏好解释"消费—实际汇率悖论"的研究还包括 Colacito 等（2013）、Kollmann（2015a，2016）。Kollmann（2019）进一步指出，在劳动力供给不产生财富效应的前提下，递归偏好会放大贸易条件对一国生产率冲击的反应，进而加强冲击的跨国传导。Backus 等（2016）和 Colacito 等（2019）在求解社会计划者问题（Social Planner Problem）时，考察了递归偏好对国家间帕累托权重分配的影响。他们强调，在递归偏好的作用下，最优分配不仅取决于总禀赋，还受到随时间变化的财富分布的影响。

另外，一些研究还利用递归偏好来探究不确定性冲击对主要经济变量跨国传递的影响（Colacito 等，2018；Silva-Yanez，2020；Gete 等，2018）。Colacito 等（2018）发现，递归偏好能够显著提高理论模型对产出波动跨国传递以及国际消费风险分担的解释力，使之与实证观察更为吻合。Silva-Yanez（2020）研究了宏观经济波动对新兴经济体国外资产积累、风险分担和社会福利的影响，发现经济体在受到不确定性冲击后会增加国外资产积累。随着金融一体化程度的提升，代表性家庭能够更好地分散收入风险，从而削弱预防性储蓄动机，降低积累外国资产的意愿。

然而，值得注意的是，Colacito 等（2018）的研究并未将金融市场状况作为冲击传播的重要因素加以考虑。同时，Colacito 等（2018）和 Silva-Yanez（2020）的研究主要聚焦于生产率不确定性冲击，忽略了金融市场不确定性冲击的关键作用。Gete 等（2018）的研究则更多地关注了不确定性冲击对贸易盈余、投资、产出以及银行信贷和投资风险溢价等主要经济变量的影响。他们在实际数据中观察到，经济波动会导致贸易盈余增加、产出下降、投资减少，同时信贷收缩、投资风险溢价上升。传统的国际经济周期模型虽然能够解释不确定性冲击对贸易盈余的影响，但是对于其他的特征事实缺乏解释力。因此，Gete 等（2018）构建了一个引入信贷部门的两国开放经济模型，用以解释不确定性冲击对主要经济变量的影响。他们的研究发现，不确定性冲击提高了家庭部门的预防性储蓄动机，导致贸易盈余增加；同时，加大了企业的违约风险，进而引发银行信贷供应的收缩。当银行信用风险上升时，家庭部门为储蓄所承担的风险溢价也会相应提高。因此，不确定性冲击最终会导致银行信贷供应大幅减少，贷款利率飙升，企业融资困难，投资紧缩，产出和就业水平大幅下降。

在深入探讨了现有的理论研究之后，本书侧重于分析不确定性冲击对国家之间主要宏观经济变量的协同性影响。本书将采纳 Kalemli-Ozcan 等（2013a）所建立的模型框架，并借鉴 Fernández-Villaverde 等（2010，2011）对金融冲击波动性的刻画手法，通过引入风险性资产收益率的波动至国际经济周期模型，旨在更精确地描绘金融市场波动冲击。与此同时，笔者也将关注生产率波动冲击与金融波动冲击如何共同作用于经济周期的跨国传导，以揭示在不确定性冲击下，金融一体化如何影响宏观经济变量的深层次机制。通过这一研究，笔者期望能够丰富该领域的理论文献，为相关领域的研究提供新的视角和思路。

第二节 国家异质性与经济周期跨国传导

一、发达国家之间的经济周期跨国传导

在探索金融一体化与经济周期协同性这一开放宏观领域的经典问题时，众多传统研究聚焦于发达国家间的经济周期跨国传导（Kalemli-Ozcan 等，2001，2013a，2013b；Kose 等，2003；Heathcote 等，2004；Imbs，2006；Devereux 等，2010，2011）。这一选择主要基于以下几点原因：①发达国家的统计数据相对完整和丰富，充足的样本数据为学术研究提供了极大的便利。②发达国家经济体量庞大，金融一体化程度较高，这使得其经济周期跨国传导的效果更为显著。尽管 21 世纪以来新兴市场国家逐渐崭露头角，但在此之前，发展中国家间的经济周期传导主要通过贸易或专业化分工等渠道实现，其传导机制与发达国家存在差异。③发达国家经济发展水平较高，多处于经济增长的稳态附近，因此，研究发达国家的经济周期波动问题，有助于排除经济体结

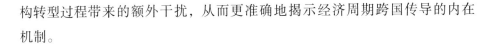

构转型过程带来的额外干扰，从而更准确地揭示经济周期跨国传导的内在机制。

二、新兴经济体的经济周期跨国传导

随着中国、巴西、印度和俄罗斯等新兴市场国家的崛起，新兴经济体在危机应对中的出色表现使其逐渐成为维持世界经济稳定的重要来源。随着外部影响的不断扩大，新兴经济体在国际经济周期传导中扮演着越发重要的角色，日益成为全球经济发展中不可忽视的重要部分，因此有必要将其一同纳入考察范围。

本类文献着重关注新兴经济体的经济周期跨国传导。大量研究已经证实，新兴市场国家对全球经济周期的跨国传导发挥了至关重要的作用（Fink 等，2015；Ductor 等，2016；Carstensen 等，2017；于震 等，2014；陈磊 等，2017）。Ductor 等（2016）的研究指出，21世纪初全球经济周期的相互依赖性显著增强，这主要得益于新兴市场经济体的崛起。Carstensen 等（2017）则通过 SVAR 模型识别了七国集团经济冲击中来自非七国集团的因素，并发现非七国集团的产出创新对七国集团经济周期波动的解释力高达10%~25%。陈磊等（2017）的研究表明金砖国家金融市场一体化程度的提高对经济周期协同性产生了重要影响。考虑到国际贸易、金融一体化以及专业化分工等各个渠道之间的相互影响和复杂的经济联系，他们采用面板联立方程模型来考察经济周期的传导机制，在控制模型潜在内生性的同时，还可以有效分离出各渠道对金砖国家之间经济周期协同性的直接影响和间接影响。此外，于震等（2014）针对东亚经济周期同步性的影响因素进行了分析，评估了东亚经济一体化进程，并为未来区域合作的前景和路径选择提供了有价值的见解。

上述研究表明国家异质性是在考察全球经济周期协同性时不可忽略的重要因素。鉴于新兴经济体不断扩大的外部影响及其与发达国家之间日益紧密的金融联系，有必要在研究时将新兴经济体一同纳入样本范围。因此，本书涵盖了全球31个国家，包括20个发达国家和11个发展中国家，以此检验金融一体化与经济周期协同性之间的关系对新兴经济体是否同样适用。通过这一研究，期望能够更全面地理解经济体在全球经济周期跨国传导中的作用与影响。

第三节 其他经济周期类型与跨国传导机制

一、金融一体化与消费周期协同性

金融一体化能够为风险分担和平滑消费创造更多的机会，还可以有效缓解资本稀缺问题，提高资金配置效率，但也埋下了经济波动和资本回撤风险等隐患，甚至会扩大金融危机的传染风险。大量研究表明，国际金融市场之间的联系会影响个体平滑消费的能力，金融一体化程度是影响消费波动（Bekaert 等，2006；Pancaro，2010）以及国家之间消费周期协动性的重要渠道（Kalemli-Ozcan 等，2001；Kose 等，2003；Shin 等，2006；Bergin，2018）。

（一）理论研究

理论方面，传统的国际真实经济周期模型认为金融一体化会放大生产率冲击，从而导致经济周期协同性减弱（Backus 等，1992；Kalemli-Ozcan 等，2001；Heathcote 等，2004）。Kalemli-Ozcan 等（2001）指出金融一体化促使企业通过多元化国际投资有效分散资金风险，与此同时，分散跨国生产风险有助于各国从事专业化生产，促进了国家之间的产业间专业化分工，从而降低了经济周期的协同性。

然而，也有研究提出了不同的观点。Kose 等（2003）认为，资本的自由流动有助于按照各国的比较优势进行资本分配，进而推动生产的专业化。当这种专业化主要由产业内贸易驱动时，面对特定行业的供给冲击，国家间的消费协同性会更为显著；同样，当国家特定冲击影响收入时，消费协同性也会相应增强。这种效应在发展中国家尤为明显，由于其禀赋和生产结构通常较发达国家更为单一，因此可能从国际风险分担中获得更大的潜在收益。

（二）实证研究

虽然理论上金融一体化能够提升资金配置效率并分散消费风险，但一些实证研究却显示，金融一体化在风险分担方面的作用并不显著（Shin 等，2006；Sørensen 等，2007；Bai 等，2012）。Shin 等（2006）以 1971~2003 年为样本区间，通过考察消费协同性，研究了贸易和金融一体化对包括中国、印度尼西亚、日本、韩国等在内的 9 个东亚经济体国际风险分担的影响。由于这些经济体在此期间的金融一体化水平较低，因此他们发现金融一体化并未发挥明显的风险分担作用。

然而，Rangvid 等（2016）对先前研究的局限性提出了质疑，他们认为这些研究使用的样本数据时间较短，主要局限于布雷顿森林体系崩溃后国际资本流动普遍增加的时期。为了更全面地探讨金融一体化与消费风险分担的关系，Rangvid 等（2016）采用了 1875~2012 年 16 个国家的长时间序列数据进行了实证检验。他们发现，在更长的时间跨度下，金融一体化水平的提升确实有助于分散消费风险。

（三）文献评述

尽管近年来金融一体化对消费周期跨国传导的影响逐渐受到研究者的关注，但针对冲击性质如何影响消费周期波动协同性的研究仍显匮乏，特别是在金融危机与非金融危机期间，消费周期跨国传递的差异性尚未得到全面审视。鉴于此，本书将在第三章中详尽探讨 1978~2018 年全球 31 个国家间消费周期协同性与金融一体化之间的复杂关联，并在第四章的理论模型中进一步挖掘金融一体化对国家之间消费周期跨国传导的影响机制。

二、金融一体化与投资周期协同性

在传统的国际真实经济周期模型中，资本流动被假定为单纯依赖于资本回报率的高低。理论上，当两国间的生产率冲击呈现正相关关系时，资本自由流动应导致两国投资协同性呈现负相关关系。然而，现实数据的观察结果却与此大相径庭，这种理论与现实之间的偏差被研究者称为"投资相关性之谜"（Backus 等，1992；Heathcote 等，2002；Kehoe 等，2002；Corsetti 等，2008）。

（一）理论研究

为解释这一谜团，众多学者开始在理论模型中考虑资本跨境流动中可能遭遇的各类阻碍因素。其中，国际资本市场的不完善性和金融摩擦的存在被认为是关键因素（Heathcote 等，2002；Faia，2007；Nuguer，2018）。这些阻碍导致资本流动并非完全遵循回报率的高低，而是受到多种现实因素的制约。

Johri 等（2011）提出组织资本的概念，用以解释投资周期的跨国传递机制。他们认为，当一国受到正向的生产率冲击时，尽管国内投资增加理应吸引更多资本流入，但组织资本的存在使资本的边际贡献降低。这意味着外国投资者可能认为在本国投资更为有利，而非将资本投向回报率看似更高的国家。这种组织资本导致的投资行为变化会造成两国投资出现同向变动的现象。Baldi 等（2017）则在模型中引入了无形资产的概念。他们指出，有形资产可以在不同部门间流动，从而向生产效率高的地方转移。然而，无形资产在两个部门中是以非竞争性的方式使用的。这种两部门结构和无形资本的非竞争性特性，减少了各国转移投资的必要性，从而在一定程度上解释了国家之间有形资本共同变动的原因。此外，还有一些研究通过引入资本利用率的概念来改善理论模型对投资的解释能力（Baxter 和 Crucini，1995；Jermann，1998；Baxter 和 Farr，2005a）。这些研究认为，提高资本利用率是有成本的，较高的资本利用率往往伴随着更高的资本折旧。因此，企业在决定投资策略时，需要在提升资本利用率与承受更高资本折旧之间进行权衡。这种权衡过程会直接影响企业的资本动态累积过程，进而对投资决策产生深远影响。

综上所述，通过引入组织资本、无形资产和资本利用率等概念，学者们试图解释传统 IRBC 模型中无法解释的投资相关性之谜。这些研究不仅丰富了我们对资本流动和投资决策的理解，也为进一步探讨国际经济周期和投资周期跨国传递的复杂机制提供了重要的理论基础。

（二）实证研究

在实证研究方面，多数文献主要聚焦于产出协同性的分析，而关于金融一体化对投资周期协同性影响的探讨则较少。然而，投资作为 GDP 的重要组成部分，无疑是经济周期跨国传导渠道中的关键环节。因此，深入探究金融一体化对投资周期协同性的影响，对于填补这一研究领域的空白以及深入理解经济周期跨国传导机制具有重要意义。

Pyun 等（2016）的研究突破了传统的研究框架，他们提出不同的金融资产类型对经济周期的跨国传递可能产生差异化的影响，并且强调了投资在这一过程中的重要作用。通过运用 2001～2013 年涵盖 58 个国家的面板数据，他们实证检验了金融一体化对美国与其他国家之间投资协同性的影响。研究结果显示，在全球金融危机期间，股票市场一体化水平的提升显著增强了国家之间的投资协同性，而债券市场一体化则呈现出相反的作用。这一发现为我们理解不同金融资产类型在跨国经济周期传递中的角色提供了重要线索。Menno（2014）则从另一个角度探讨了投资周期协同性的问题。他聚焦于 1991～2006 年间七国集团国家的国际直接投资与投资周期同步性之间的关系。研究发现，那些在外商直接投资方面联系紧密的国家之间，其投资周期的变动更为同步。这一结果揭示了跨国公司在促进国家间投资周期协同性方面的重要作用，同时也强调了金融一体化通过影响国际直接投资进而塑造国家间经济周期联动性的复杂机制。

综上所述，实证研究在探究金融一体化对投资周期协同性影响方面虽然起步较晚且文献较少，但已取得了一些初步且富有启示性的成果。这些研究不仅有助于我们深入理解金融一体化与投资周期协同性之间的复杂关系，也为政策制定者提供了在制定跨国经济政策时需要考虑的重要因素。未来研究可进一步拓展样本范围、深化理论分析，并引入更多影响投资周期协同性的因素，以更加全面、深入地揭示金融一体化对投资周期协同性的影响机制。

第四节 金融一体化的福利分析

一、金融一体化的积极影响

发达的金融市场为平滑消费创造了更多可能性，消费风险分担减少了国家特定风险对居民消费造成的冲击，有助于平抑消费波动，提高了消费者效用，进而提升了社会福利。在现有文献中（Asdrubali 等，1996；Sørensen 等，1998；Mélitz 等，1999；Bekaert 等，2006；Asdrubali 等，2004），消费风险分担的主要渠道可以总结如下：

首先，资本市场渠道通过国家间资产互持来分散国别风险。投资者可以通过在全球范围内配置资产，构建一个多样化的投资组合，以有效分散非系统性风险。这种跨国资产配置的方式使得投资者能够在不同国家、不同行业和市场之间寻求风险和回报的平衡，从而降低了单一国家风险对整体投资组合的影响。这种方式不仅有助于平滑消费波动，还能提高投资者的长期收益。

其次，信贷市场渠道为筹措资金、降低流动性风险提供了便利。国际信贷市场使得企业和个人能够跨越国界进行借贷活动，从而缓解资金短缺或过剩的问题。通过这种方式，消费者可以在面临流动性约束时获得所需的资金，以平滑其消费支出。同时，国际信贷市场也有助于降低融资成本，提高资金配置效率，进一步促进消费风险的分担。

最后，政府间或国际组织的财政转移支付制度对于减少居民消费波动也发挥了积极作用。通过财政转移支付，政府可以在不同国家之间实现资源的重新分配，以应对各种经济冲击和风险。这种制度有助于缓解贫困和收入不平等问题，提高社会整体的消费能力和福利水平。同时，它能在一定程度上稳定消费波动，减少经济周期波动带来的负面影响。

在消费风险分担领域的研究中，学者们对于金融一体化是否能够有效改善风险分担状况持有不同观点。一些研究表明，金融一体化确实能够促进消费风险分担，降低风险的波动性。Asdrubali 等（1996）首次采用方差分解的方法，深入剖析了美国各州间消费风险分担的实际情况。他们的研究揭示，在 1963~1990 年，美国各州 62% 的消费风险得以通过金融市场交易实现有效分担。其中，资本市场和信贷市场分别贡献了 39% 和 23% 的风险分担效果，而政府转移支付渠道则占据了 13% 的比例，剩余 25% 的消费风险则未能通过这些渠道得到有效平滑。Sørensen 等（1998）和 Mélitz 等（1999）的研究则将视角转向了欧洲。他们运用与 Asdrubali 等（1996）相似的方法，对欧洲共同体（European Community，EC）和经济合作与发展组织成员国之间的消费风险分担模式进行了测算。Sørensen 等（1998）发现，使用以一年为频率的差分数据进行回归时，仅有40%的收入冲击能被有效平滑，其中一半是通过政府预算赤字实现，另一半则依赖于企业储蓄。而在以三年为频率的回归分析中，消费风险被有效分担的比例更是降低至25%，这表明欧洲资本市场的一体化程度相较于美国而言更低。Mélitz 等（1999）的研究则进一步指出，尽管放弃货币政策的独立性可能会降低欧盟成员国通过宏观经济政策平滑冲击的能力，但这一变化将通过市场渠道促进冲击的平滑。这一结论暗示了货币联盟在降低汇兑风险、促进跨境金融资产投资以及提高风险分担收益方面的积极作用。Ching 等（2000）和 Giardino-Karlinger（2002）的研究也支持了上述观点，他们发现货币联盟确实有助于降低联盟国的汇兑风险，从而促进跨境金融资产投资，进而在面对特定国家风险和资本市场摩擦时提高了风险分担收益。Bekaert 等（2006）的研究发现，股票市场自由化和资本账户开放有助于降低消费的波动性，并且相比于产出波动，消费波动水平下降的幅度更大。这一发现为金融一体化在消费风险分担方面的积极作用提供了有力证据。Crucini（1999）则从另一个角度探讨了消费风险分担的问题。他认为，在控制一般性收入冲击后，风险分担水平越高的地区消费关联越紧密。他进一步将持久性收入假说引入消费风险分担理论，分析了加拿大各省、美国各州以及七国集团国家之间的消费风险分担水平。实证结果表明，美国和加拿大国内各地区之间的风险分担水平要高于国家之间的风险分担水平。

Asdrubali 等（2004）的研究是对先前消费风险分担领域研究的重要改进和拓展。他们意识到之前的研究方法，如 Asdrubali 等（1996）、Sørensen 等（1998）和 Mélitz 等（1999）所采用的方法，在估计消费风险分担的渠道时存在一定的局限性。这些研究往往没有充分考虑到资本市场、信贷市场和政府转移支付等风险分担渠道的滞后效应、动态变化以及它们之间的相互作用，这可能导致估计结果存在偏差。为了克服这些局限，Asdrubali 等（2004）采用了面板 VAR 模型，并结合结构化方程模型，将产出过程内生化。这种方法允许他们更全面地分析不同结构冲击下的风险分担渠道及其相互关联。通过引入滞后项，他们能够捕捉到各渠道的动态变化，并且考虑到各渠道之间的相互影响和替代效应。他们的研究发现，随着时间的推移，资本市场和政府转移支付渠道的作用逐渐增强，而信贷市场的作用则逐渐减弱。此外，在面对更持久的收入冲击时，资本市场的作用更为显著，而信贷市场的作用则较小。这是因为资本市场具有更强的流动性和灵活性，能够更快速地调整资金配置，以应对长期收入冲击带来的风险。相比之下，信贷市场在面临持续负面冲击时可能会受到贷款紧缩的影响，导致其在风险分担方面的作用较小。

然而，另一些研究指出，在某些情况下，特别是对于那些金融一体化程度较低的国家或地区而言，金融一体化的作用并不明显，甚至可能无法有效改善国际风险分担的状况。Bai 等（2012）认为在存在金融摩擦和主权债务违约风险的情况下，单纯地取消资本管制或放松金融市场监管，并不能改善国际风险分担的状况。特别是对于那些金融一体化程度较低的发展中国家而言，风险分担的效果更是大打折扣（Kim 等，2006，2008；Shin 等，2006；Sørensen 等，2007；Calvi 等，2010；Yu 等，2010；Park 等，2011）。Kim 等（2006）的研究聚焦于东亚国家之间的消费风险分担情况。他们发现，东亚国家之间的消费风险分担水平远低于发达经济体，近80%的冲击未能得到有效分担。虽然信贷市场有效，但其作用也有限。这意味着东亚国家在风险分担方面享有较大的潜在收益。Kim 等（2008）进一步通过双边金融资产引力模型对东亚地区的区域风险分担和全球风险分担进行了全面考察。他们发现，与欧洲金融市场相比，东亚国家金融市场之间的整合程度较低。因此，东亚国家之间的消费风险分担更多地依赖于全球金融市场来实现。此外，Calvi 等（2010）、Park 等（2011）和 Yu 等（2010）均得出了类似的结论，认为东亚国家的金融一体化进程相对缓慢，且滞后于实体经济的一体化进程。这进一步证实了在这些特定情况下，金融一体化对消费风险分担的改善作用有限。

Rangvid 等（2016）的研究为解释为何以往研究在探讨消费风险分担时结果不显著提供了新的视角。他们指出，消费风险分担不明显的主要问题不在于金融一体化程度较低，而在于所使用的样本数据时间较短。大部分研究的样本时间集中在布雷顿森林体系崩溃后国际资本流动普遍增加的时期（Chi 等，2006；Guillaumin，2009；Kim 等，2012；Park 等，2011）。在这一较短的时间跨度内，金融市场的动态变化可能并未完全展现，从而影响了对金融一体化与消费风险分担关系的准确评估。相比之下，Rangvid 等（2016）利用了一个长达138 年（1875~2012 年）的样本数据，涵盖了更多历史时期和经济周期的变化。通过这样的长时间跨度研究，他们发现更高的金融一体化水平确实有助于分散消费风险。

上述研究提供了关于金融一体化与消费风险分担关系的更深入认识。这些发现不仅丰富了我们对于金融一体化积极影响的理论认识，同时也为政策制定者提供了有价值的参考。

二、金融一体化的负面影响

随着金融危机的爆发，众多学者开始反思金融一体化的弊端。Agénor（2003）的研究总结了金融一体化的成本，主要包括：①资本流动具有聚集效应和顺周期性。历史经验表明，跨境资本流动增加只集中在少部分国家。20世纪90年代初资本流入的急剧增加只针对少数拉丁美洲和亚洲的中等收入国家成立（Fernandez-Arias 等，1996），极少数外国资本流向撒哈拉以南的非洲国家，大部分流入该地区的资金仅限于少数几个拥有大量自然资源的国家，如安哥拉、尼日利亚和南非（Bhattacharya 等，1997；Basu 等，2002）。经济发展水平低的国家即便开放资本账户仍然会面临融资困境。同时，资本流动具有强烈的顺周期属性。大量资本在经济繁荣时涌入会造成资本过热，引发股市和房市泡沫，国际资本流动的非理性"羊群效应"也会进一步增加宏观经济的不稳定性；而在经济衰退时资本回撤不但会加剧挤兑风险（Chang 等，2000），对于那些过度依赖资本的企业来说，由于没有实质性的生产技术进步，一旦外资撤出还会因流动性危机而陷入生产困境。②资金错配带来的扭曲效应。尽管开放资本账户可能会提高国内投资，但如果这些资本流入非生产性部门如房地产行业，将挤出实体经济投资，加剧扭曲效应，抑制长期经济增长。资金利用效率低不仅会引发众多高杠杆和寻租行为，还会推高系统金融风险。③给宏观经济带来潜在的负面影响。外资流入会增大国内通货膨胀压力，大量国际资本流动还会影响外汇资金的供求平衡，加大了汇率风险。例如，对于那些苦于投资需求不足的发展中经济体来说，资本流入后会刺激消费而非促进资本积累，汇率升值压力还会进一步加剧投资短缺。除此之外，还有一些研究从其他角度审视了金融一体化的负面影响。Yu 等（2010）认为金融联系加强可能会埋下跨境金融传染的隐患，在资本高度流动的世界中，金融一体化会加剧金融风险在国家之间的传导，加速危机扩散和深化。Devereux 等（2020）使用 1970~2012 年的跨国面板数据研究金融危机期间金融一体化与一国产出下降幅度的关系，研究结果表明金融一体化会增加金融危机发生的概率。Beine 等（2010）则从股票收益率分布的角度探究了全球一体化对股票市场波动的非对称影响，研究发现金融一体化增加了极端负回报率的可能性，揭示了金融一体化的弊端。

（一）金融一体化与经济波动

相当一部分研究认为金融一体化是引发经济波动的重要渠道（Stiglitz，2000；Agénor，2003；Pancaro，2010；Cavoli 等，2020）。Pancaro（2010）基于开放经济条件下的国际经济周期模型，深入研究了资本自由化对新兴经济体消费波动性的影响。其研究结果表明，资本自由化并未有效平滑新兴经济体的消费波动，反而增加了消费相对于产出的波动性，从而抑制了消费风险分担。这背后的逻辑在于，随着资本开放程度的提高，借款限制逐渐放松，导致借款和消费增加，进而推动房地产需求上升。而房地产价格的上涨进一步提升了抵押品价值、放松了借贷限制，形成了一种正反馈机制。这种机制使得贷款的可得性提高，进一步推高了房地产需求，最终导致了消费波动性的上升。Cavoli 等（2020）则利用 1995~2013 年 100 多个新兴市场和发展中国家的大型面板数据进行了经验估计。他们发现金融开放水平与产出稳定之间存在一种权衡关系。特别是对于低收入国家而言，信贷过度增长可能导致信用风险显著增加，进而加剧产出波动。这表明在金融一体化的过程中，新兴市场和发展中国家需要谨慎权衡金融开放与产出稳定之间的关系，避免过度信贷引发的风险。

这些研究为我们提供了深入理解金融一体化与经济波动之间关系的重要视角。在金融一体化的背景下，各国需要更加关注资本流动的影响，制定合理的政策来应对潜在的经济波动风险。同时，加强金融监管和风险管理，确保金融体系的稳定和健康发展，也是降低经济波动风险的关键措施。

（二）金融一体化与"逆全球化"

基于以上对金融一体化进程的思考，在全球金融危机的剧烈冲击下，全球经济复苏乏力也引发了"逆全球化"思潮的兴起（McCauley 等，2019；

Schnabel 等，2015；Choi 等，2019）。但这并不代表"逆全球化"就是恢复经济的唯一出路。McCauley 等（2019）认为，虽然 2008 年全球金融危机以来跨境银行业务缩减，但国际贷款的收缩仅限于欧洲银行大型海外业务的周期性去杠杆化，并不是全球范围内的金融去全球化。Devereux 等（2020）研究了金融危机期间金融一体化与一国产出下降幅度的关系，他们发现虽然金融一体化会增加金融危机发生的概率，但在金融危机期间，一国的金融一体化程度越高，该国的产出下降越小。他们认为，金融一体化提高了经济体抵御风险的能力，是防止局部危机扩散和不断深化的重要手段。黄智淋（2017）也认同金融一体化可以疏导局部范围内的经济危机，进而提高全球经济的效率和福利。马丹等（2019）从区域和个体的角度分析了经济危机传递路径，并认为一国或地区的经济波动更多是受到自身影响而非金融一体化的作用，发达国家之间经济金融活动的高联动性反而使其抗风险能力优于其他经济体。逆全球化举措对危机过后的经济恢复会产生负面影响，经济联系的加强反而为后危机时代经济复苏和全球治理提供了新的范式。

三、金融一体化的福利分析

基于学术界对于金融一体化利弊的广泛争论，对金融一体化展开福利分析有助于定量评估金融一体化的社会影响，对于客观评判金融一体化的作用和探索金融开放进程也具有重要意义。常见的福利测算思路为：分别计算经济体在金融封闭和金融开放情况下的社会福利，计算两种情况下希克斯等价变化（Hicksian Equivalent Variation），即从金融封闭转变为金融完全开放时一国消费变动的百分比，用来代表福利收益的变动水平。基于相似的研究思路，文献中却得出了截然不同的研究结论。

（一）经济体在金融一体化进程中收益有限

一类观点认为，经济体通过国际风险分担获得的收益实则有限（Cole 等，1991；Backus 等，1992；Obstfeld，1994；Lewis，2000；Gourinchas 等，2006）。这主要是因为多数国家倾向于通过国内投资的跨期分配来分散风险。Coeurdacier 等（2020）指出，尽管金融一体化的收益涵盖资本有效再配置与风险分担两个方面，但二者在一定程度上存在替代效应，使得任何国家都难以从中获得巨额收益。具体而言，高风险国家虽然从消费平滑中受益较多，但是出于最大化福利的考量倾向于积累资本；然而，从风险控制的角度看，减少信贷以降低风险更为合适，两种动机相互抵消。相对而言，资本稀缺的国家虽然出于资本优化配置的考虑会吸收资本，但是这往往易引发经济波动，进而减少其从风险分担中获得的收益。以新兴国家为例，尽管它们从资本有效再分配中获益颇丰，但这同时也伴随着成本，因为在转型过程中，它们必须承担更多风险来积累资本。特别是在两国风险完全对称的模型设定下，福利收益更是微乎其微，因为相似国家之间缺乏资本重新配置与风险分散的动力。

（二）经济体从金融一体化中获益显著

另一类观点则积极肯定金融一体化的显著收益（Van Wincoop，1994，1998；Lewis，1996；Kalemli-Ozcan 等，2001）。Van Wincoop（1998）以及 Coeurdacier 等（2020）深入探讨了金融一体化福利效应背后的模型假定，强调其高度依赖于参数选择、随机过程和国家禀赋等因素。Devereux 等（2020）则专注于信贷市场和股票市场一体化的福利分析，指出金融一体化有助于提升社会整体福利，储蓄者因此受益，而投资者则可能面临福利下降的情况。Coeurdacier 等（2020）进一步在一个融合了国家不对称性、综合风险以及资本内生积累的一般均衡模型框架内评估了金融一体化的福利效应。他们的研究发现，高风险的发展中国家在享受风险分担带来的好处的同时，也会将预防性储蓄转移至风险较低的发达国家。从单一国家的角度来看，金融一体化的收益通常能够超越其成本，但众多新兴市场国家同时推进金融一体化可能会因不利的市场波动而大幅削弱整体收益。

此外，金融一体化对各国经济增长的影响呈现出差异性，这主要取决于国家的资本稀缺程度、风险水平以及国家规模。值得注意的是，以往的研究往往忽略了国家之间的相互影响和异质性，这也在一定程度上解释了关于金融一体化研究结论多样化的原因。因此，在全面评估金融一体化的影响时，必须充分考虑各国的特定情况和相互之间的复杂关系。

第三章

金融一体化与经济周期
跨国传导的实证检验

第一节　引言

　　20世纪80年代以来，国际资本流动限制的逐步放宽以及金融创新的迅猛发展，推动了国家间金融活动的相互渗透与交融，从而形成了金融一体化的发展格局。随着全球化浪潮的推进，国家间金融市场的紧密联系为经济周期的跨国传导提供了重要渠道。特别是2008年全球金融危机的爆发，使得关于危机蔓延与金融一体化之间关系的讨论越发激烈。尽管近年来关于金融一体化对经济周期跨国传导的影响逐渐受到学者们的关注，但大多数研究主要聚焦于国家间产出水平的协同性，而较少涉及消费周期和投资周期的跨国传导。此外，对于全球金融危机和非金融危机期间经济周期跨国传递差异性的研究尚显不足，特别是缺乏对于后金融危机时代以及新兴经济体的全面考量。

　　基于上述背景，本章旨在深入探讨以下问题：金融一体化如何影响国家间的产出协同性、消费协同性和投资协同性？各国间的消费周期和投资周期是否会展现出与产出周期相似的跨国传递规律？此外，金融一体化与经济周期协同性之间的关系在新兴经济体中是否同样适用？对这些问题的深入研究将有助于我们系统剖析经济周期波动在国家间的传导机制，进而为探索金融市场开放进程、理解宏观政策的调控逻辑提供深刻的政策启示。这不仅有助于我们更好地应对全球经济波动带来的挑战，还能为新兴经济体在金融一体化进程中的政策制定提供有益的参考。

本章利用一组时间跨度长达 40 年、涵盖全球 31 个国家的面板数据，深入探究了 1978~2018 年经济周期跨国传导的现象，特别关注了金融一体化对产出、消费和投资等方面经济周期协同性的影响。实证研究结果显示，在非金融危机时期，较高的金融一体化水平显著发挥了风险分散的作用。通过优化资源配置和降低风险敞口，金融一体化有效地减弱了经济周期在国家之间的传导效应。这表现为在国家之间的产出协同性和消费协同性都有所降低，意味着各国经济波动更加独立，相互之间的影响减弱。然而，在 2008 年全球金融危机的冲击下，金融一体化与经济周期协同性之间的负相关关系发生了显著变化。金融危机的爆发凸显了金融一体化的"双刃剑"特性。在危机期间，各经济体间日益紧密的金融联系不仅未能有效隔离风险，反而成为危机蔓延的重要渠道。实证结果显示，金融一体化水平较高的国家间经济周期的协同性显著增强，这意味着危机迅速在国家之间传导，加剧了全球经济的不稳定性。同时，消费周期和投资周期也呈现出与产出周期相似的跨国传递规律，进一步证实了金融一体化在危机期间的负面效应。

值得注意的是，这种金融一体化和经济周期协同性之间的关系并非仅限于 2008 年全球金融危机。在样本时间范围内的其他金融危机中，如 20 世纪 90 年代初期芬兰和瑞典的货币危机以及 20 世纪 90 年代末期日本的金融危机等，也观察到了类似的现象。这表明金融一体化对经济周期协同性的影响具有普遍性和一般性。此外，实证研究还发现，这种关系不仅适用于发达国家，对发展中国家也同样适用。尽管发展中国家在金融一体化程度和经济发展水平上可能与发达国家存在差异，但金融一体化对经济周期协同性的影响机制在两类国家中均表现出一致性。这一发现为发展中国家在金融一体化进程中制定合理政策、防范经济风险提供了重要参考。

本书通过纳入全球金融危机后的时间样本，深入探讨了后危机时代金融一体化变动趋势对已有结论的影响，从而有助于读者全面理解金融一体化进程与经济周期跨国传递之间的复杂关系。2008 年全球金融危机的爆发与迅速蔓延引发了学者们对金融一体化与经济周期跨国传导关系的重新审视。尽管之前的研究如 Kalemli-Ozcan 等（2013a）对此进行了有益的探讨，但金融冲击与传统的生产率冲击对经济周期跨国传导的作用存在显著差异，这一观点也得到了众多后续研究的广泛支持（Abiad 等，2013；Cesa-Bianchi 等，2019；Duval 等，2016；Huo 等，2019）。但 Kalemli-Ozcan 等（2013a）的研究样本局限于 1978~2008 年的 20 个 OECD 国家，缺乏对后危机时代和发展中经济体的全面考察。随着全球资本市场不确定性的增强，"逆全球化"趋势逐渐显现，这在一定程度上影响了金融一体化的进程及其与经济周期跨国传导的关系。本书通过考察包含后危机时代的更长时间样本，得出了与 Kalemli-Ozcan 等（2013a）不同的研究结论。研究发现，在金融危机期间，金融一体化对经济周期传导的总效应为正，即会加剧危机的传播。这一结论与众多文献的研究结果更加一致（Antonakakis，2012；Cesa-Bianchi 等，2019；Devereux 等，2020；Perri 等，2018；Yao，2019），强调了金融一体化在危机时期的"双刃剑"特性。此外，国家异质性在考察全球经济周期协同性时是不可忽视的重要因素。新兴市场国家因其独特的经济特征和金融结构，在金融一体化与经济周期协同性关系中可能表现出不同的特点。本书的研究样本涵盖了全球 31 个国家，包括 20 个发达国家和 11 个新兴经济体，以此检验金融一体化与经济周期协同性之间的关系对新兴经济体是否同样适用。通过对比分析不同国家组的实证结果，我们能够更深入地理解金融一体化对不同类型国家经济周期跨国传导的异质性影响。

本章还深入探讨了金融一体化对消费协同性和投资协同性的影响。近年来，尽管已有部分研究开始探索金融一体化对经济周期跨国传导的影响，但这些研究绝大多数仅限于分析国家间产出水平的协同性（如 Kose 等，2003；Imbs，2006；Kalemli-Ozcan 等，2013a、2013b；Cesa-Bianchi 等，2019；Perri 等，2018；Devereux 等，2020）。然而，关于国家间消费周期和投资周期跨国传导的研究却鲜有涉及。对此问题的深入探讨，不仅是对现有研究领域的拓展和深化，而且具有重要的理论和现实意义。

首先，金融市场作为消费风险分担的关键渠道（Backus 等，1992；Kalemli-Ozcan 等，2001；Yoshimi，2009；Rangvid 等，2016；Devereux 等，2020）。金融一体化会促使企业通过多元化国际投资有效分散资金风险，有助于其从事专业化生产。同时，当面临不利冲击时，居民不仅可以通过信贷市场进行资金借贷，也可以通过资本市场进行资产交易以获取收益，从而降低消费波动，高度的金融一体化能够为平滑消费创造更多的机会，进而影响国家之间的消费周期协同性。

其次，消费协同性在货币联盟决策中具有重要地位（Shin 等，2006；Darvas 等，2008；Yoshimi，2009）。根据最优货币区理论，经济周期协同性高的国家之间的货币联盟更有效。但值得注意的是，产出协同性与消费协同性之间并不是简单的一一对应关系（Shin 等，2006；Bergin，2018）。考虑一种极端情况，假设各国的风险分担都是完全的，尽管产出可能出现不对称波动，但各国的消费变动仍完全相关。此时，没有必要实施独立的货币政策，共同货币政策也可以有效地分担消费风险，实现平滑消费。此外，货币政策的最终目标是最大限度地提高经济福利，而这与消费周期密切相关。因此，在决定是否建立货币联盟时，不应只关注产出协同性，考虑消费协同性以及会影响风险分担的金融一体化程度也是非常必要的。

最后，投资作为经济周期的重要组成部分，其波动与经济增长波动密切相关。投资率及其增长率常被用作经济周期的先行指标，而投资需求管理也是宏观调控的主要手段之一。因此，探究金融一体化对投资周期协同性的影响，对于深入理解经济周期跨国传导机制具有重要意义。金融一体化可能通过影响国际资本流动和投资决策，进而改变国家间的投资周期协同性。

综上所述，本章的研究贡献主要体现在以下四个方面：

（1）本章首次系统性地分析了金融一体化对主要宏观变量协同性的影响，涵盖了产出、消费和投资三个关键方面。这种全面的分析框架有助于我们更深入地理解经济周期跨国传递的复杂规律，对于政策制定和宏观调控具有重要的指导意义。

（2）与现有研究（如 Kalemli-Ozcan 等，2013a）相比，本章通过引入更长的时间样本，得出了新的发现：在金融危机期间，金融一体化与经济周期协同性之间的负相关关系不仅会被显著削弱，甚至还会逆转为正向的促进作用。这表明，在金融危机冲击下，各经济体间日益紧密的金融联系不仅未能有效分散风险，反而加剧了经济周期的协同性，加速了危机的传播。

（3）本章研究发现，消费周期和投资周期的跨国传递规律与产出周期相似。具体来说，在 2008 年全球金融危机期间，金融一体化加剧了国家之间经济周期波动的协同性；而在非金融危机时期，较高的金融一体化水平则有助于分散风险，降低了经济周期在国家之间的传导效应，从而减弱了国家之间的产出和消费协同性。这一发现为理解金融一体化在不同经济环境下的作用机制提供了重要线索。

（4）本章通过扩展样本范围，纳入了新兴经济体进行研究。研究发现，上述金融一体化和经济周期协同性之间的关系不仅适用于发达国家，同样也适用于发展中国家。这一结论增强了本研究的普适性和适用性，为政策制定者提供了更为全面的参考依据。

第二节　变量与数据说明

一、经济周期协同性指标

现有文献在刻画两国经济周期协同性时，多采用同期非条件 Pearson 相关系数这一静态方法。虽然这种方法能够直观地判断协同性的大小，但其局限性也十分明显。首先，它无法揭示经济周期协同性的动态特征，这在研究经济周期跨国传导时尤为重要。其次，该方法没有将经济周期的异质性成分和共同联动成分进行分离，这可能导致对协同性的误判。

为了克服这些不足，学者们进行了一系列改进尝试。例如，于震等（2014）采用 HP 滤波方法，试图从原序列中剔除长期趋势，从而得到更为纯粹的波动项。然而，Hamilton（2018）指出，HP 滤波方法可能引入缺乏数据基础的伪动态关系，并且其结果依赖于平滑参数值的选取，因此可能无法真实反映数据的动态特征。

同时，汤凌霄等（2014）采用滚动相关系数来捕捉经济周期协同性的动态变化。然而，这种方法也存在一些问题。例如，滚动窗口的大小需要主观设定，这可能导致结果的不稳定性。此外，滚动相关系数还会损失样本头尾的观测值，这可能影响度量结果的可靠性。

因此，为了更精确地揭示经济周期协同性的动态特征，本书借鉴 Giannone 等（2010）、Kalemli-Ozcan 等（2013a）、Pyun 等（2016）以及 Cesa-Bianchi 等（2019）等的研究方法，采用差分法来衡量国家间实际产出增长率的差值，进而刻画经济周期的协同性。差分法作为一种直接且有效的方法，其核心在于计算不同国家在同一时期实际产出增长率的差值。通过这种方法，我们可以直接观察到国家间经济周期的波动差异，从而判断其协同性程度。与传统的滤波方法和滚动相关系数相比，差分法避免了滤波参数选择的主观性和滚动窗口设置带来的样本损失问题，从而确保了度量结果的客观性和准确性，因而被广泛使用。经济周期协同性指标的具体计算方法如下：

$$Synch_{ij,t}^{Y} = -\left| \ln \frac{Y_{i,t}}{Y_{i,t-1}} - \ln \frac{Y_{j,t}}{Y_{j,t-1}} \right| \tag{3.1}$$

其中，$Y_{i,t}$ 和 $Y_{j,t}$ 分别代表 t 时期 i 国和 j 国的实际GDP，对数差分表示实际经济增长率。两国产出增长率之间的差值反映了同一时期两国经济活动的关系，取负值后，该指数值越大说明两国经济波动越相近，经济周期协同性越高，反之则越低。本书采用和产出协同性类似的计算方法，计算出消费协同性指标 $Synch_{ij,t}^{C}$ 和投资协同性指标 $Synch_{ij,t}^{I}$：

$$Synch_{ij,t}^{C} = -\left| \ln \frac{C_{i,t}}{C_{i,t-1}} - \ln \frac{C_{j,t}}{C_{j,t-1}} \right| \tag{3.2}$$

$$Synch_{ij,t}^{I} = -\left| \ln \frac{I_{i,t}}{I_{i,t-1}} - \ln \frac{I_{j,t}}{I_{j,t-1}} \right| \tag{3.3}$$

其中，$C_{i,t}$ 和 $C_{j,t}$ 分别代表 t 时期 i 国和 j 国的消费水平，两国投资分别为 $I_{i,t}$ 和 $I_{j,t}$。各国的实际GDP、消费和投资季度数据来自经济合作与发展组织统计数据库。该数据库涵盖了从1960年至今经合组织加盟国与主要非加盟国的主要经济指标，包括季度国民经济核算、零售销售、工业生产、居民消费价格、总就业人数、失业率等，还详细收录了 OECD 加盟国在对外贸易及直接投资方面的统计数据。本书采用的季度 GDP 指标基于 2010 年不变价美元计价，且经过季节性调整，并剔除了名义价格的影响。剔除季节性因素的实际数据能够更加准确地刻画经济的短期变化，同时使数据更具可比性。

本书的时间跨度为 1978 年第 1 季度至 2018 年第 4 季度，样本涵盖了全球 31 个国家，包括 20 个发达国家和 11 个发展中国家。其中，发达国家有奥地利、澳大利亚、比利时、加拿大、丹麦、芬兰、法国、德国、意大利、日本、卢森堡、荷兰、希腊、爱尔兰、葡萄牙、瑞典、瑞士、西班牙、英国和美国；发展中国家分别是南非、印度、印度尼西亚、沙特阿拉伯、土耳其、阿根廷、巴西、智利、哥伦比亚、哥斯达黎加和墨西哥。

二、金融一体化指标

金融一体化程度的度量在国际金融研究中具有重要意义，它不仅反映了资本流动的自由度，也揭示了各国金融市场之间的互联互通程度。目前，金融一体化程度的度量方式主要有两种路径：一种是通过考察跨境资本流动的管制程度来间接反映金融一体化水平。然而，在实际应用过程中，这种方法可能会带来一定程度的测量偏误。这是因为即使一国对资本流动的管制程度较低，其实际跨境资本流动也可能受到金融市场发达程度、投资者风险偏好等多种因素的影响，从而出现偏低的情况。另一种则是直接统计实际发生的跨境资本流动总额，这种方法更为直观，能够直接反映金融市场的实际状况。

因此，为了更准确地度量金融一体化程度，本书借鉴了 Kalemli-Ozcan 等（2013a）、Davis（2014）、Duval 等（2016）以及 Cesa-Bianchi 等（2019）的研究，采用直接测量法来评估金融一体化水平。具体而言，本章用两国之间实际持有的资本和负债来客观反映两国之间的金融一体化水平。这种方法综合考虑了双边资产和负债的实际情况，避免了单一指标可能带来的片面性。同时，为了消除国家规模差异对指标的影响，笔者使用两国的国内生产总值之和对双边资产和负债总额进行标准化处理。这样得到的金融一体化指标既反映了双边资本流动的实际规模，又考虑了国家经济总量的影响，从而更具可比性和科学性。金融一体化指标的具体定义如下：

$$Integration_{ij,t} = \frac{Assets_{ij,t} + Liabilities_{ij,t} + Assets_{ji,t} + Liabilities_{ji,t}}{GDP_{i,t} + GDP_{j,t}} \qquad (3.4)$$

其中，$Assets_{ij,t}$ 和 $Liabilities_{ij,t}$ 分别表示 t 时期 i 国在 j 国的资产和负债。双边银行资本数据来自国际清算银行（Bank for International Settlements，BIS）公布的国际银行业统计的本地银行业统计数据库（Locational Banking Statistics，LBS）。该数据库统计了自 1977 年底以来世界主要经济体之间的银行资产和负债情况。原始数据收集自国内货币当局和地方监管机构，再经国际清算银行核验，具有较高的质量和可信度。LBS 对"银行"的定义是除中央银行外的所有存款性公司，包括商业银行、储蓄银行、信贷机构、信用合作组织和其他由政府控制的从事金融中介业务的储蓄机构等。统计数据主要包括国际银行间的债权债务，如银行间贷款和存款，还包括银行的股票投资、对外国公司和政府债券的投资，以及国际贸易信贷等，可以反映一国银行与他国 99% 以上的债权与债务关系。与文献中另一个广泛使用的数据库——国际货币基金组织的协调证券投资调查数据库（Coordinated Portfolio Investment Survey，CPIS）相比，BIS 统计数据具有时间跨度更广、覆盖国家众多的优势，而且 BIS 的季度数据便于更加精准地捕捉金融危机期间金融一体化的影响。尽管本书的 BIS 数据不包括共同基金、对冲基金、对外直接投资等其他形式的非银行投资，但考虑到银行间资本流动在跨境资本流动中的主导地位（Lane et al.，2007），以及与其他形式投资组合（如股权投资、债券投资、外国直接投资等）之间的高度相关性（Lane et al.，2007；Kubelec et al.，2010），根据 Lane 等（2007）的研究，各种债券资产、银行间信贷、FDI 和股票投资的相关性在 0.75 ~ 0.99 范围内，Kubelec 等（2010）的研究也证实了 BIS 与 CPIS 数据之间的相关性高达 80%。因此，该数据并不会对研究结果造成系统性偏误。

表 3.1 展示了各变量的基本统计信息，为我们提供了关于产出协同性、消费协同性、投资协同性以及金融一体化指标的详细描述。统计发现，产出协同性变量的平均值在 -1% 左右，标准差为 0.826%；消费协同性与产出协同性的各项统计量基本类似，但平均水平（绝对值）和波动幅度略大；投资协同性波动最大，约为产出协同性的 3 倍，表明各国之间投资周期波动存在

较大差异。金融一体化指标的平均值在 0.01 左右，最小值为 0，这说明在某些时段内部分样本国家由于资本管制甚至没有开放跨境资本流动。

表 3.1　变量的基本统计信息

变量符号	变量名称	均值	标准差	最小值	中位数	最大值
$Synch^Y$	产出协同性	-0.963	0.826	-3.170	-0.721	-0.069
$Synch^C$	消费协同性	-0.985	0.860	-3.323	-0.728	-0.071
$Synch^I$	投资协同性	-3.344	3.066	-11.662	-2.356	-0.227
$Integration$	金融一体化	0.009	0.016	0	0.001	0.056

图 3.1 展示了不同时期金融一体化与经济周期协同性之间的散点拟合图，该图通过直观的方式揭示了两者之间的关系在不同时期所表现出的差异性。笔者在作图过程中，特别考虑了全球金融危机和非金融危机期间的情况，并采用了科学的分组和平均化处理方法，以确保结果的准确性。具体作图方法如下：分别将全球金融危机期间（2008Q3～2009Q4）和非金融危机期间的样本按照金融一体化指标（对数化处理）的大小依次排列，将其等分为 100 组，计算每组的平均值；然后分别做出金融一体化与产出协同性、消费协同性、投资协同性之间的散点拟合图。作图时控制了国家组合固定效应、时间固定效应和国家特定的时间趋势。

图 3.1 显示在非金融危机期间，金融一体化水平与产出协同性和消费协同性之间存在负相关关系，而金融一体化与投资协同性之间的关系并不明显。然而，在 2008 年全球金融危机期间，情况发生了显著变化。无论是产出、消费还是投资，拟合线的斜率均变为正值，即金融一体化对经济周期协同性的总效应为正。图 3.1 通过直观的方式展示了不同时期金融一体化与经济周期协同性之间的关系变化。这种变化反映出金融一体化对经济周期传导的影响与经济体是否处于金融危机时期密切相关。因此，在制定相关政策时，应充分考虑金融一体化的影响，并根据不同时期的经济环境进行调整和优化。

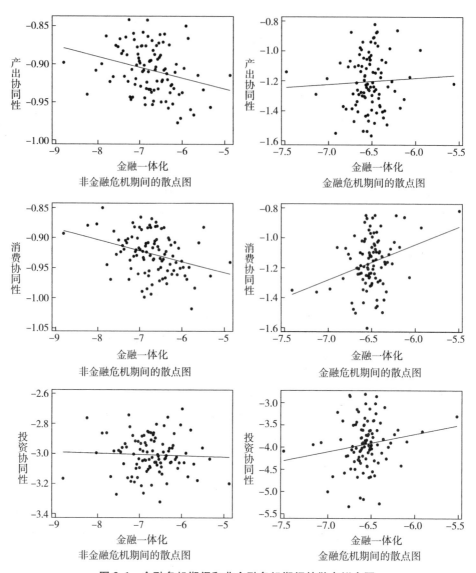

图 3.1 金融危机期间和非金融危机期间的散点拟合图

第三节 计量模型设计

本节采用固定效应面板回归方法来估计金融一体化对各国经济周期协动

性的影响。借鉴 Kalemli-Ozcan 等（2013a）的方法，使用如下模型进行估算：

$$Synch^x_{ij,t} = \alpha + \beta Integration_{ij,t-k} + \gamma Integration_{ij,t-k} \times Crisis_t + X'_{ij,t-k}\phi + \mu_{ij} + \eta_{it} + \rho_{jt} + \delta_t + \epsilon_{ijt}$$

$$(3.5)$$

其中，$Synch^x_{ij,t}(x = Y, C, I)$ 分别表示 i 国和 j 国在 t 季度的经济周期协同性，包括产出协同性、消费协同性以及投资协同性。为缓解内生性问题，并排除金融冲击同步性对金融一体化指标的影响，我们使用 i，j 两国去年同期的金融一体化指标 $Integration_{ij,t-k}$ 进行回归（$k = 4$）。为了解决内生性问题，Kalemli-Ozcan 等（2013b）基于欧盟金融服务行动计划（Financial Service Action Plan）构建了一个反映欧盟各国金融服务立法监管协调政策的金融一体化指数作为工具变量。他们的研究结果显示，反向因果关系并不会对研究结论造成太大影响。由于该指标截至 2006 年，无法涵盖本节侧重研究的 2008 年全球金融危机，因此无法采用该工具变量。基于同样的原因，Kalemli-Ozcan 等（2013a）也没有使用这个工具变量。Crisis 在全球金融危机期间取 1，反之取 0。参考 Perri 等（2018）和 Kalemli-Ozcan 等（2013b），Crisis 时间定义为 2008 年第 3 季度开始，2009 年第 2 季度结束。2008 年 9 月美国投行雷曼兄弟公司申请破产，标志着美国次贷危机最终演变成全球性的金融危机，直到 2009 年第 2 季度，美国 GDP 增长率恢复到危机前的水平。控制变量包括影响经济周期协同性的其他变量，例如，双边贸易水平（Frankel 等，1998；Kalemli-Ozcan 等，2001；Imbs，2004；Di Giovanni 等，2010；Duval 等，2016），两国 GDP 乘积的对数，以及两国人口数量乘积的对数（Kalemli-Ozcan 等，2013a）等。本节采用两国之间实际进出口总额的对数作为双边贸易指标。双边贸易流动季度数据来自国际货币基金组织的贸易方向统计数据库（Direction of Trade Statistics，DOTS）。DOTS 提供了 1960 年以来全球 184 个国家与其贸易伙伴之间的月度和季度商品进出口统计数据，出口数据采用 FOB 离岸价格，进口数据使用 CIF 计价。为避免转口贸易和统计误差，并保持数据的可比性，本书在计算时统一采用各国报告的出口 FOB 价格。所有控制变量 X 均使用上年同期数值。回归系数 β 代表非金融危机期间金融一体化对经济周期协同性的影响，γ 表示金融危机期间金融一体化带来的偏效应（Partial Effect），总效应（Total Effect）为（$\beta+\gamma$）。

笔者在回归时控制了国家组合固定效应、时间固定效应和各国时间趋势项。国家组合固定效应有助于排除两国之间较难观测的非时变因素对回归造成的干扰，如国家之间的地理距离，是否存在共同语言、共同宗教和共同的法律制度等；时间固定效应吸收了包括共同经济冲击在内的与时间特征相关因素的作用；加入各国时间趋势项则有效控制了随时间变化的国家特征的影响，如一国的贸易总量和国内生产总值等。为避免回归结果因异方差、序列相关与统计量聚类特征造成的干扰，本章的所有回归都使用了国家组合层面的聚类稳健标准误（Bertrand 等，2004）。

第四节　回归结果分析

本节将分析基准回归结果并进行一系列的稳健性检验。首先，考察 2008 年全球金融危机期间和非金融危机期间经济周期的跨国传导，分别从产出、消费和投资等方面系统性探究了金融一体化对经济周期协同性的影响。其次，为确保本书结论的严谨性，进一步进行了多项稳健性检验，包括对经济周期协同性和金融一体化指标采用其他的度量方法，控制除 2008 年全球金融危机外的其他金融危机影响，对样本缺失值的处理。除此之外，还加入了其他控制变量，以排除各国经济和制度特征等因素对经济周期协同性的潜在干扰。通过这一系列严谨的分析和检验，希望能够为理解金融一体化与经济周期协同性之间的关系提供更为深入和全面的视角，并为相关政策制定提供有力的理论支持。

一、基准回归

表 3.2 详细展示了金融一体化与经济周期协同性之间的关系，第（1）至（3）列分别对应产出协同性、消费协同性和投资协同性的回归结果。从第（1）列的回归结果可以看出，在非金融危机时期，金融一体化与产出

协同性之间存在显著的负相关关系。这意味着金融一体化程度较高的两个国家，在非金融危机期间，其经济周期的关联性较弱。这一结论与 Kalemli-Ozcan 等（2013a）的研究结果相吻合，也进一步印证了 Kalemli-Ozcan 等（2001）使用 OECD 数据得出的观点，即金融一体化有助于各国分散个体风险，通过资本的跨国流动实现资源的优化配置和专业化分工，进而降低了经济周期的协同性。

表 3.2 基准回归：金融一体化与经济周期协同性

	$Synch^Y$ (1)	$Synch^C$ (2)	$Synch^I$ (3)
Integration	-0.0215 *** (0.0071)	-0.0264 *** (0.0081)	0.0220 (0.0245)
Integration×Crisis	0.0442 *** (0.0090)	0.0500 *** (0.0097)	0.1113 *** (0.0300)
Trade Index	-0.0104 (0.0159)	0.0020 (0.0177)	0.0495 (0.0548)
国家组合固定效应	控制	控制	控制
时间固定效应	控制	控制	控制
各国时间趋势	控制	控制	控制
其他控制变量	控制	控制	控制
观测值	45313	44320	44135
调整后 R^2	0.258	0.242	0.304

注：此表报告了 1978 年第 1 季度至 2018 年第 4 季度 31 个国家之间金融一体化与经济周期协同性的回归结果，常数项结果略去。所有回归中均加入了上年同期两国 GDP 乘积的对数，以及两国人口数量乘积的对数表作为其他控制变量。各连续解释变量均经过对数化处理。回归时控制了国家组合固定效应、时间固定效应和各国时间趋势。括号中报告了国家组合层面的聚类稳健标准误，*、**和***分别代表在 10%、5% 和 1% 水平下显著。

然而，值得注意的是，2008 年全球金融危机期间，金融一体化对经济周期协同性的作用发生了显著变化。第（1）列的回归结果显示，金融一体化对经济周期协同性的总效应（$\beta+\gamma$）为正。这一发现与先前文献中的发现存在显著差异，例如，Kalemli-Ozcan 等（2013a）虽然指出金融危机期间金融一体化与产出协同性的相关性增强，但仍维持着负相关关系。然而，本节的回归结果却表明，在金融危机时期，金融一体化与经济周期协同性之间的负相关关系不仅会被削弱，而且会逆转为正向的促进作用，这表明各国间紧密的金融联系在危机期间显著增强了产出的协同性，进而加剧了危机的蔓延。为了验证这一总效应的显著性，本书进一步进行了 F 检验。对产出协同性的 F 检验结果显示，p 值为 0.0449，这表明在 5% 的显著性水平上，2008 年金融危机期间金融一体化对经济周期协同性具有显著为正的总效应。要理解这一现象，可以从跨国银行对不同外部冲击的反应入手。在非金融危机时期，如果某国受到生产率冲击导致生产率下降，跨国银行往往会减少对该国的投资而增加对其他未受影响国家的投资，这有助于降低该国与其他国家的产出协同性。然而，在金融危机期间，金融冲击成为主导因素。当某国的金融业效率因金融冲击而下降时，其跨国银行可能同时减少对本国和其他国家的投资，这种同步的投资调整反而增强了该国与其他国家的产出协同性，因为各国都受到了类似金融冲击的影响，导致了经济活动的同步下滑。

为确保回归结果的稳健性，在分析中加入了国家组合固定效应以控制两国间难以观测的非时变因素，如地理、文化和法律制度等。同时，我们还考虑了时间固定效应，以吸收国家所面临的共同外部冲击的影响。此外，为了排除随时间变化的国家特征，如贸易额和国内生产总值等，还控制了各国的时间趋势。

在控制变量方面，特别关注了双边贸易水平对经济周期传导的影响。大量实证研究已经证实，国际贸易是影响经济周期协同性的关键因素。一些研究认为，国际贸易联系通过共同需求冲击和生产率溢出效应增强了贸易国之间的经济协同性（Frankel et al., 1998; Imbs, 2004; Di Giovanni et al., 2010; Duval et al., 2014）。然而，也有研究指出，双边贸易联系的加强可能导致生产专业化的提升，从而降低了经济周期的协同性（Krugman, 1991; Kalemli-Ozcan et al., 2001）。尽管国际贸易对经济周期协同性的作用方向存在争议，但其在经济周期传导中的重要作用不容忽视。因此，本书使用两国间实际进出口总额的对数作为双边贸易水平的指标，以更全面地考察其对经济周期协同性的影响。

与产出协同性相比，第（2）列消费协同性的回归系数略有提高，但从整体上看，消费周期波动展现出了与产出周期波动高度相似的传递规律。在非金融危机时期，消费周期协同性随着金融一体化程度的加深而逐渐减弱；然而，在金融危机期间，金融联系紧密的国家经历了更为同步的消费紧缩现象。金融一体化对消费周期协同性影响的总效应显著为正，经过 F 检验，得到的 p 值为 0.0560，这意味着金融一体化显著促进了消费周期的跨国传导。根据第（2）列的估计结果，如果金融一体化程度从 1978 年世界各国的平均水平提升至 2018 年的平均水平，那么在非金融危机期间，国家之间的经济周期协同性将降低 0.074 个百分点。然而，在金融危机爆发时，两国的消费协同性则会上升 0.14 个百分点。结合表 3.1 中的描述性统计结果，国家之间消费协同性指标的中位数约为 0.728%，因此，在金融危机期间，金融一体化对消费协同性的实际变化水平的解释力约为 20%。这一发现不仅填补了金融一体化与消费周期跨国传导这一研究领域的空白，而且为全面考量金融一体化的影响，并在此基础上进一步开展福利分析提供了重要依据。

第（3）列的回归结果揭示了金融一体化对投资协同性在不同时期的不同影响。一方面，在非金融危机期间，金融一体化对投资协同性的作用并不显著，这可以从国民生产总值中投资的定义和统计核算的角度找到部分解释。根据经济合作与发展组织的定义，固定资本形成总额（Gross Fixed Capital Formation）是指所有常住单位在一定时期内，购置和转入的固定资产扣除销售和转出固定资产的价值总额，包括有形固定资本形成总额和无形固定资本形成总额。前者通常被纳入国民经济核算体系，而后者因为统计难度大而经常被忽略。目前只有少数国家在其官方帐户中对无形资产进行核算。以美国为例，直到 2013 年 7 月 31 日国民收入和生产帐户（National Income and Product Accounts，NIPA）的第 14 次修订，[①] 才将无形资产计入 GDP 统计核算。根据美国商务部经济分析局（Bureau of Economic Analysis，BEA）对 GDP 的最新统计办法，企业、政府和非营利机构用于研发的支出以及创作娱乐、文学和艺术作品的原创支出等都被计入无形资产，纳入政府统计。其他国家对

① 详情参见 https：//www.bea.gov/news/2013/gross-domesticproduct-2nd-quarter-2013-advance-estimate-comprehensive-revision-1929。

于无形资产核算的发展则更加滞后。然而，众多经济学家认为无形资产在技术创新中发挥了重要作用（Atkeson 等，2005；Johri 等，2011；Lustig 等，2011；Eisfeldt 等，2013）。因此，投资数据的统计误差可能是影响该回归结果显著性的潜在因素。另一方面，在 2008 年全球金融危机期间，金融一体化对各国之间的投资协同性产生了显著的正向促进作用。F 检验的结果（p 值为 0.0800）表明这一效应在统计上是显著的，且其影响程度相较于产出协同性和消费协同性更为显著。本书通过实证检验投资行为的协同变化来验证金融危机的传播机制，其结果进一步证实了 2008 年全球金融危机是通过国家之间的金融联系扩散到世界其他国家的假设。具体来说，美国资本市场的负面信贷冲击通过全球金融网络迅速传播，导致全球投资大幅下降，最终引发了全球性的金融危机。这一结论不仅验证了本书关于全球金融危机传递路径的猜想，也为我们理解金融危机的成因和传导机制提供了重要的实证支持。

二、稳健性检验

（一）协同性指标的其他测度方法

本书的基准回归使用了传统方法来衡量经济周期的协同性，在本节中，经济周期协同性的测量方法来自 Morgan 等（2004）和 Kalemli‐Ozcan 等（2013b），用两国实际 GDP 增长率对国家固定效应和时间固定效应进行回归，得到的残差项 v_{it} 和 v_{jt} 分别代表剔除了样本期间一国的平均增长率和给定季度内所有国家平均增长率后的剩余增长率。

$$\ln x_{it} - \ln x_{i,t-1} = \gamma_i + \phi_t + v_{it} \tag{3.6}$$

其中，$x = Y$，C，I，分别代表产出、消费和投资，两国经济周期的协同性即定义为两国剩余增长率之间的差值：

$$Synchres_{ijt}^x = -\left| v_{it} - v_{jt} \right| \tag{3.7}$$

表 3.3 列示了使用剩余增长率的差值 Synchres 作为协同性指标的回归结果，在非金融危机期间，较高的金融一体化水平减弱了经济周期在国家之间的传导；而在 2008 年金融危机期间，金融关联紧密的国家之间的经济周期协同性更高，本书的研究结论依然保持稳健。

表 3.3　稳健性检验：协同性指标的其他测度方法

	$Synch^Y$ （1）	$Synch^C$ （2）	$Synch^I$ （3）
Integration	−0.0240*** （0.0063）	−0.0224*** （0.0074）	0.0275 （0.0230）
Integration×Crisis	0.0340*** （0.0082）	0.0426*** （0.0094）	0.1084*** （0.0305）
TradeIndex	−0.0016 （0.0153）	−0.0122 （0.0151）	0.0221 （0.0531）
国家组合固定效应	控制	控制	控制
时间固定效应	控制	控制	控制
各国时间趋势	控制	控制	控制
其他控制变量	控制	控制	控制
观测值	45313	44320	44135
调整后 R^2	0.248	0.230	0.296

注：此表报告了采用剩余增长率之间的差值作为经济周期协同性指标后，1978 年第 1 季度至 2018 年第 4 季度 31 个国家之间金融一体化与经济周期协同性的回归结果，常数项结果略去。所有回归中均加入了去年同期两国 GDP 乘积的对数，以及两国人口数量乘积的对数表作为其他控制变量。各连续解释变量均经过对数化处理。回归时控制了国家组合固定效应、时间固定效应和各国时间趋势。括号中报告了国家组合层面的聚类稳健标准误，*、** 和 *** 分别代表在 10%、5% 和 1% 水平下显著。

（二）金融一体化指标的其他测度方法

在基准回归中，本书使用双边资本和负债总额来衡量两国之间的金融一体化水平，并用两个国家的总产出进行标准化。为了检验本书研究结论对不同金融一体化测度指标的稳健性，本节将借鉴 Cesa-Bianchi 等（2019）和 Kalemli-Ozcan 等（2013a）的测算方法，分别用两国人口总数和两国资本负债总额对金融一体化指标进行标准化，得到重新刻画的金融一体化指标和，计算方法如下：

$$Integration\_pop_{ij,t} = \frac{Assets_{ij,t} + Liabilities_{ij,t} + Assets_{ji,t} + Liabilities_{ji,t}}{Population_{i,t} + Population_{j,t}} \quad (3.8)$$

$$Integration\_tot_{ij,t} = \frac{Assets_{ij,t} + Liabilities_{ij,t} + Assets_{ji,t} + Liabilities_{ji,t}}{Tot\_Assets_{i,t} + Tot\_Assets_{j,t} + Tot\_Liabilities_{i,t} + Tot\_Liabilities_{j,t}}$$

$$(3.9)$$

利用上述指标进行稳健性检验，表 3.4 汇报了检验结果，其中，第
（1）、（3）、（5）列中使用两国人口数量总和对双边资本负债总额进行标准化
的金融一体化指标，第（2）、（4）、（6）列则采用两国的资本负债总额进行
标准化。实证结果表明，无论采用何种测算方法，金融危机期间金融一体化
程度越高的国家之间经济周期波动越同步，非金融危机期间则相反，且危机
期间金融一体化对经济周期协同性影响的总效应均显著为正，再次验证了本
节的研究结论。

表 3.4　稳健性检验：金融一体化指标的其他测度方法

	$Synch^Y$		$Synch^C$		$Synch^I$	
	（1）	（2）	（3）	（4）	（5）	（6）
Integration_pop	-0.0205*** (0.0069)		-0.0266*** (0.0077)		0.0254 (0.0240)	
Integration_ pop×Crisis	0.0423*** (0.0079)		0.0453*** (0.0085)		0.1235*** (0.0262)	
Integration_ tot		-0.0181** (0.0074)		-0.0173** (0.0084)		0.0306 (0.0249)
Integration_ tot×Crisis		0.0322*** (0.0110)		0.0514*** (0.0115)		0.0595* (0.0355)
TradeIndex	-0.0105 (0.0159)	-0.0126 (0.0159)	0.0022 (0.0177)	-0.0018 (0.0177)	0.0490 (0.0547)	0.0462 (0.0548)
国家组合固定效应	控制	控制	控制	控制	控制	控制
时间固定效应	控制	控制	控制	控制	控制	控制
各国时间趋势	控制	控制	控制	控制	控制	控制
其他控制变量	控制	控制	控制	控制	控制	控制
观测值	45313	45313	44320	44320	44135	44135
调整后 R^2	0.258	0.257	0.242	0.242	0.304	0.303

注：此表报告了采用其他金融一体化指标后，1978 年第 1 季度至 2018 年第 4 季度 31 个国家之间
金融一体化与经济周期协同性的回归结果，第（1）、（3）、（5）列使用两国人口数量总和对双边资本负
债总额进行标准化，第（2）、（4）、（6）列采用两国的资本负债总额进行标准化，常数项结果略
去。所有回归中均加入了上年同期两国 GDP 乘积的对数，以及两国人口数量乘积的对数作为其他控
制变量。各连续解释变量均经过对数化处理。回归时控制了国家组合固定效应、时间固定效应和各国
时间趋势。括号中报告了国家组合层面的聚类稳健标准误，*、** 和 *** 分别代表在 10%、5% 和
1% 水平上显著。

（三）控制其他金融危机的影响

为了确保回归结果的稳健性，本书在基准回归的基础上进一步控制了其他金融危机带来的影响。除 2008 年金融危机外，本书样本区间内世界各国曾陆续出现过其他金融危机，例如，1991～1995 年芬兰和瑞典的货币危机、1994 年墨西哥比索危机、1997 年亚洲金融危机，以及 2008 年金融危机之后爆发的欧洲主权债务危机等。这些危机事件都可能对经济周期协同性产生影响，从而干扰对 2008 年金融危机影响的单独评估。

本节借鉴了 Laeven 等（2018）对金融危机起止时间的定义方法。为了界定金融危机的起止时间，Laeven 等（2018）不仅详细考察了各国银行出现重大挤兑、系统性亏损或者破产清算的情况，还综合考量了各国为应对银行系统重大损失而采取的各类政策干预措施，包括冻结存款、银行国有化、资本重组、提供流动性支持等，对危机的严重程度和持续时间进行了细致的刻画。表 3.5 列出了 1978～2018 年样本国家发生过的全部金融危机。丰富的数据基础使我们能够在回归分析中充分考虑这些危机事件的影响，从而得出更为稳健和可靠的研究结论。

表 3.5　1978～2018 年样本国家其他金融危机的起止时间

国家	起始年份	终止年份	国家	起始年份	终止年份
阿根廷	1980Q1	1982	印度尼西亚	1997Q4	2001
	1989Q4	1991	爱尔兰	2008Q3	2012
	1995Q1	1995	意大利	2008Q3	2009
	2001Q4	2003	日本	1997Q4	2001
奥地利	2008Q3	2012	卢森堡	2008Q3	2012
比利时	2008Q3	2012	墨西哥	1981	1985
巴西	1990Q1	1994		1994Q4	1996
	1994Q4	1998	荷兰	2008Q3	2009
智利	1976	1976	葡萄牙	2008Q3	2012
	1981Q4	1985	西班牙	1977	1981
哥伦比亚	1982Q3	1982		2008Q3	2012
	1998Q2	2000	瑞典	1991Q3	1995
哥斯达黎加	1987	1991		2008Q3	2009
	1994	1995	瑞士	2008Q3	2009

续表

国家	起始年份	终止年份	国家	起始年份	终止年份
丹麦	2008Q3	2009	土耳其	1982	1984
芬兰	1991Q3	1995		2000Q4	2001
法国	2008Q3	2009	英国	2007Q3	2011
德国	2008Q3	2009	美国	1988	1988
希腊	2008Q3	2012		2007Q4	2011
印度	1993	1993			

注：Q 表示季度。

资料来源：Laeven L，Valencia F，2018. Systemic banking crises revisited ［R］. IMF.

在表 3.6 中，*OtherCrises* 表示除 2008 年金融危机外的其他金融危机，该项与金融一体化的交互项系数显著为正，这说明金融危机期间，在金融一体化程度越高的国家之间，无论是产出协同性，还是消费或投资波动的协同性均越高，而其他非金融危机时期结果则相反。上述实证分析结果表明本书的研究结论不仅对 2008 年全球金融危机成立，对于样本时间范围内的其他金融危机也同样成立，本书的实证模型对于各个金融危机期间金融一体化与经济周期协同性之间的关系均具有良好的解释能力。

表 3.6 稳健性检验：控制其他金融危机的影响

	$Synch^Y$ （1）	$Synch^C$ （2）	$Synch^I$ （3）
Integration	−0.0210 ***	−0.0261 ***	0.0229
	（0.0070）	（0.0080）	（0.0242）
Integration×Crisis	0.0456 ***	0.0512 ***	0.1150 ***
	（0.0090）	（0.0096）	（0.0298）
Integration×OtherCrises	0.0170 ***	0.0165 ***	0.0504 ***
	（0.0030）	（0.0034）	（0.0108）
TradeIndex	−0.0138	−0.0008	0.0413
	（0.0158）	（0.0178）	（0.0546）
国家组合固定效应	控制	控制	控制
时间固定效应	控制	控制	控制
各国时间趋势	控制	控制	控制

	$Synch^Y$ （1）	$Synch^C$ （2）	$Synch^I$ （3）
其他控制变量	控制	控制	控制
观测值	45313	44320	44135
调整后 R^2	0.259	0.244	0.305

注：此表报告了控制其他金融危机后，1978年第1季度至2018年第4季度31个国家之间金融一体化与经济周期协同性的回归结果，常数项结果略去。所有回归中均加入了上年同期两国GDP乘积的对数，以及两国人口数量乘积的对数作为其他控制变量。各连续解释变量均经过对数化处理。回归时控制了国家组合固定效应、时间固定效应和各国时间趋势。括号中报告了国家组合层面的聚类稳健标准误，*、** 和 *** 分别代表在10%、5%和1%水平下显著。

本书为了进一步验证回归结果的稳健性，采用了多种方法进行稳健性检验。首先，将2008年金融危机与其他金融危机合并，用 *AllCrisis* 代表 1978～2018 年所有金融危机的综合指标，并重新进行回归分析。表3.7的回归结果显示主要结论并未发生改变。其次，本书还特别考察了模型对1997年亚洲金融危机的解释力。通过加入亚洲金融危机虚拟变量 *AsianCrisis* 进行重新估计，表3.8中的回归结果显示本书的研究结论不仅适用于2008年的全球金融危机，也适用于亚洲金融危机。

表 3.7　稳健性检验：控制全部金融危机的影响

	$Synch^Y$ （1）	$Synch^C$ （2）	$Synch^I$ （3）
Integration	−0.0200 *** （0.0070）	−0.0250 *** （0.0079）	0.0249 （0.0241）
Integration×AllCrises	0.0188 *** （0.0029）	0.0188 *** （0.0033）	0.0547 *** （0.0103）
TradeIndex	−0.0151 （0.0158）	−0.0024 （0.0178）	0.0382 （0.0546）
国家组合固定效应	控制	控制	控制
时间固定效应	控制	控制	控制
各国时间趋势	控制	控制	控制
其他控制变量	控制	控制	控制

续表

	$Synch^Y$ （1）	$Synch^C$ （2）	$Synch^I$ （3）
观测值	45313	44320	44135
调整后 R^2	0.259	0.243	0.304

注：此表报告了控制全部金融危机的影响后，1978 年第 1 季度至 2018 年第 4 季度 31 个国家之间金融一体化与经济周期协同性的回归结果，常数项结果略去。所有回归中均加入了上年同期两国 GDP 乘积的对数，以及两国人口数量乘积的对数作为其他控制变量。各连续解释变量均经过对数化处理。回归时控制了国家组合固定效应、时间固定效应和各国时间趋势。括号中报告了国家组合层面的聚类稳健标准误，*、** 和 *** 分别代表在 10%、5% 和 1% 水平下显著。

表 3.8　稳健性检验：亚洲金融危机的影响

	$Synch^Y$ （1）	$Synch^C$ （2）	$Synch^I$ （3）
Integration	−0.0216*** （0.007）	−0.0257*** （0.0079）	0.0217 （0.0244）
Integration×2008Crisis	0.0460*** （0.009）	0.0508*** （0.0096）	0.1174*** （0.0299）
Integration×AsianCrisis	0.0252*** （0.0052）	−0.0067 （0.0046）	0.0947*** （0.0168）
Integration×OtherCrises	0.0102*** （0.0036）	0.0227*** （0.0039）	0.0320** （0.0138）
TradeIndex	−0.0111 （0.0158）	−0.0032 （0.0178）	0.0503 （0.0546）
国家组合固定效应	控制	控制	控制
时间固定效应	控制	控制	控制
各国时间趋势	控制	控制	控制
其他控制变量	控制	控制	控制
观测值	45313	44320	44135
调整后 R^2	0.26	0.24	0.31

注：此表报告了控制亚洲金融危机和其他金融危机的影响后，1978 年第 1 季度至 2018 年第 4 季度 31 个国家之间金融一体化与经济周期协同性的回归结果，常数项结果略去。所有回归中均加入了上年同期两国 GDP 乘积的对数，以及两国人口数量乘积的对数作为其他控制变量。各连续解释变量均经过对数化处理。回归时控制了国家组合固定效应、时间固定效应和各国时间趋势。括号中报告了国家组合层面的聚类稳健标准误，*、** 和 *** 分别代表在 10%、5% 和 1% 水平下显著。

上述稳健性检验的结果表明，本书所揭示的金融一体化对经济周期协同性的影响具有普遍性，并非仅限于某一特定时期或地区的金融危机，为本书的主要结论提供了有力的支持。

（四）样本缺失值的处理

为了更全面地分析金融一体化对经济周期协同性的影响，并确保研究结果的稳健性，本节对样本中的缺失值进行了进一步处理。

在银行资产和负债数据的收集中，由于各种原因（如数据保密、统计口径差异等），可能会出现某些国家之间的双边金融数据缺失的情况。为了充分利用已有信息并减少数据缺失对研究结果的影响，本书采用了对称化处理的方法，即将 i 国持有的 j 国资产（或负债）的缺失值用同一时期 j 国持有的 i 国负债（或资产）进行补全。这种方法能够在一定程度上弥补数据缺失带来的信息损失，同时，这种处理方法并不会改变原有数据中的信息含量和分布特征，因此不会对研究结果产生系统性偏差。

对称化处理之后的稳健性检验结果列示在表 3.9 中。从表中可以看出，经过缺失值处理后，主要结论依然保持不变。这进一步证明了本书研究结果的稳健性和可靠性。

表 3.9　稳健性检验：样本缺失值处理

	$Synch^Y$ (1)	$Synch^C$ (2)	$Synch^I$ (3)
Integration	−0.0163** (0.0070)	−0.0262*** (0.0081)	0.0345 (0.0251)
Integration×Crisis	0.0484*** (0.0096)	0.0540*** (0.0104)	0.1113*** (0.0323)
TradeIndex	−0.0118 (0.0159)	0.0020 (0.0177)	0.0456 (0.0546)
国家组合固定效应	控制	控制	控制
时间固定效应	控制	控制	控制
各国时间趋势	控制	控制	控制
其他控制变量	控制	控制	控制

续表

	$Synch^Y$ (1)	$Synch^C$ (2)	$Synch^I$ (3)
观测值	45310	44317	44132
调整后 R^2	0.258	0.242	0.304

注：此表报告了补全样本缺失值后的金融一体化指标，在 1978 年第 1 季度至 2018 年第 4 季度 31 个国家之间金融一体化与经济周期协同性的回归结果，常数项结果略去。所有回归中均加入了上年同期两国 GDP 乘积的对数，以及两国人口数量乘积的对数作为其他控制变量。各连续解释变量均经过对数化处理。回归时控制了国家组合固定效应、时间固定效应和各国时间趋势。括号中报告了国家组合层面的聚类稳健标准误，*、** 和 *** 分别代表在 10%、5% 和 1% 水平下显著。

（五）控制其他因素对经济周期协同性的影响

为了更全面地理解经济周期协同性的影响因素，除了金融一体化和国际贸易之外，本节还考虑了其他可能的因素，如产业结构相似性（Kalemli-Ozcan 等，2001；Imbs，2004；Imbs，2006）、双边汇率制度关联（Kim 等，2018）、自由贸易协定（Calderon 等，2007）以及区域货币联盟（Elbourne 等，2006）等。将这些经济和制度特征作为控制变量加入回归模型，可以更准确地检验基准结果的稳健性。

首先，产业结构相似性是国家间经济周期协同性的重要影响因素。Imbs（2004）的研究认为具有相似经济结构的两个经济体发展水平更接近，二者之间的经济周期协同性也更高，而 Kalemli-Ozcan 等（2001）认为随着产业间垂直分工程度的提高，生产专业化使得国家之间产出波动的相关性降低。尽管关于产业结构相似性与经济周期协同性之间的关系尚存在争议，但可以肯定的是产业结构相似性对经济周期协同性具有显著的直接影响。本书采用的产业结构相似性指标借鉴了 Kalemli-Ozcan 等（2001）、Imbs（2004，2006）构建的产业结构差异指数，其表达式为：

$$Specialization_{ijt} = \sum_{n=1}^{N} |S_{it}^n - S_{jt}^n| \qquad (3.10)$$

其中，S_{it}^n 和 S_{jt}^n 分别代表 t 时期 n 产业在 i 国和 j 国产业增加值中所占的比重。该指数越大，国家 i 与国家 j 之间的产业结构差异越大，相似程度越低；反之，专业化指数越接近于零则代表两国的产业结构越相似。各国的产业增加值占比数据来自联合国国民经济核算统计中的主要经济总量分析（National Accounts Statistics：Analysis of Main Aggregates，AMA）。①

其次，双边汇率制度关联也是一个不可忽视的因素。Kim 等（2018）的研究表明，汇率制度和资本账户开放程度共同影响国家间的经济周期协同性。他们的研究发现在金融危机期间，采用固定汇率制度且资本账户开放程度较高的国家与美国之间呈现出较高的经济周期联动水平；而对于存在资本账户管制的国家，尽管盯住美元，但两国之间实际盯住的固定汇率关系对经济周期传导的影响并不明显。本节参考 Ilzetzki 等（2019）对事实范式（DeFacto）的汇率制度安排进行的系统性分类，如果两国之间存在实际固定汇率关系，汇率制度关联指标（ERR）取 1，反之取 0。与以往的分类方法相比，例如，IMF事实分类、RR 自然分类（Reinhart et al.，2004）、LYS 分类（Levy-Yeyati et al.，2003）以及 Klein 等（2008）构建的事实范式的汇率制度指标等，Ilzetzki 等（2019）的优势在于允许一篮子货币作为锚货币，还特别关注了欧元区的汇率制度。

最后，自由贸易协定和区域货币联盟也是影响经济周期协同性的重要因素。Elbourne 等（2006）认为使用共同货币所带来的交易成本的降低将对成员国之间的贸易往来和投资流动产生较大影响，从而影响经济周期的协同性。本书采用的区域货币联盟（RMU）及自由贸易协定（FTA）数据来源于JosédeSousa②，并补充了加拿大—欧盟全面经济贸易协定（Comprehensive Economic and Trade Agreement，CETA；2017 年 9 月 21 日该协定正式生效）中的数据，将数据更新至 2018 年。

通过加入产业结构相似性、双边汇率制度关联、自由贸易协定和区域货币联盟等作为控制变量，进一步检验了基准结果的稳健性。表 3.10 的回归结果表明，笔者在控制了国家间的经济和制度特征变量的潜在影响后，主要结论依旧保持稳健。

---

① 详情参见 https：//unstats. un. org/unsd/snaama/。

② 详情参见 http：//jdesousa. univ. free. fr/data. htm#Currency%20unions。

表 3.10 稳健性检验：控制其他因素对经济周期协同性的影响

	$Synch^Y$ (1)	$Synch^C$ (2)	$Synch^I$ (3)
Integration	−0.0329 ***	−0.0305 ***	−0.0113
	(0.0079)	(0.0089)	(0.0255)
Integration×Crisis	0.0432 ***	0.0491 ***	0.1229 ***
	(0.0089)	(0.0096)	(0.0299)
TradeIndex	−0.0136	0.0197	0.0558
	(0.0170)	(0.0184)	(0.0572)
Specialization	0.0319	−0.0437 *	−0.0230
	(0.0254)	(0.0243)	(0.0923)
ERR	0.1378 ***	0.0284	−0.0222
	(0.0415)	(0.0323)	(0.0937)
FTA	−0.0542 *	−0.0505 *	−0.1617
	(0.0306)	(0.0292)	(0.1048)
RUM	−0.0456 *	0.0053	−0.1803 *
	(0.0246)	(0.0231)	(0.0950)
国家组合固定效应	控制	控制	控制
时间固定效应	控制	控制	控制
各国时间趋势	控制	控制	控制
其他控制变量	控制	控制	控制
观测值	42128	41242	41057
调整后 R^2	0.250	0.238	0.287

注：此表报告了控制了其他因素对经济周期协同性影响后的回归结果，常数项结果略去。加入的国家经济和制度变量包括双边贸易、产业结构相似性、双边汇率制度关联、是否签订区域贸易协定以及是否属于区域货币联盟等。所有回归中均加入了上年同期两国 GDP 乘积的对数，以及两国人口数量乘积的对数作为其他控制变量。各连续解释变量均经过对数化处理。回归时控制了国家组合固定效应、时间固定效应和各国时间趋势。括号中报告了国家组合层面的聚类稳健标准误，＊、＊＊和＊＊＊分别代表在 10％、5％和 1％水平下显著。

本章小结

本章考察了 1978～2018 年全球 31 个国家之间的经济周期协同性，分别从产出、消费和投资等方面系统性探究了金融一体化对国家之间经济周期跨国传导的影响。

实证研究结果表明，在非金融危机期间，较高的金融一体化水平有助于分散风险，进而减弱了经济周期在国家之间的传导，降低了国家之间的产出协同性和消费协同性；而在 2008 年全球金融危机期间，金融一体化与经济周期协同性之间的负相关关系不仅会被削弱，而且还会逆转为正向的促进作用，即各经济体间日益紧密的金融联系显著提高了各国经济周期的协同性，加速了金融危机的蔓延，并且消费周期和投资周期呈现出与产出周期相似的跨国传递规律。这一结论不仅对 2008 年金融危机成立，对样本时间范围内的其他金融危机也成立，例如，20 世纪 90 年代初期芬兰和瑞典的货币危机和 20 世纪 90 年代末期日本的金融危机等；通过在样本中加入新兴经济体，研究发现上述金融一体化和经济周期协同性之间的关系不仅对发达国家成立，对发展中国家也同样适用。

以上研究结论对于探究金融一体化浪潮下国家之间经济周期协同性的发展变化，深入了解经济波动在国家之间的传导机制具有重要意义；同时也为发展中国家探索金融市场开放进程、完善宏观审慎监管、防范国际金融风险、积极探讨危机应对方案提供了深刻的政策启示。本书就金融一体化对消费协同性和投资协同性的影响进行深入考察，不仅丰富了这一领域的研究成果，有助于全面验证金融一体化影响经济周期传递的理论机制，也对于决定是否在国家之间建立货币联盟具有一定的指导意义。

第四章

金融一体化与经济周期跨国
传导的理论框架

为全面探究产出、消费和投资周期的跨国传导渠道，本章建立了一个基于开放经济并引入国际银行的两国两部门动态随机一般均衡模型，分别对生产率冲击和金融冲击作用下经济周期的跨国传导机制加以刻画，从而验证实证分析中观察到的金融一体化在全球金融危机期间和非金融危机期间对经济周期协同性的差异化影响。

模型分析的结果显示，金融一体化与经济周期协同性之间的关系因经济体所受冲击的类型而异。当经济周期由生产率冲击驱动时，高度的金融一体化实际上会削弱经济周期在国家间的传导。以经济体遭受负向冲击为例，负向生产率冲击导致产出下降时，跨国银行会减少对受影响国家的投资，转而投资其他国家。同时，产出减少也导致该国企业减少了劳动力需求和运营资本投入，企业融资需求下降，进而贷款利率降低。金融一体化使得国内贷款利率下降并传导到国外，国外厂商能以更低的贷款成本雇用更多的劳动力，从而提高国外产出。因此，在生产率冲击的影响下，两国经济周期的协同性会减弱。相反，如果经济周期的波动是由金融冲击引发的，较高的金融一体化则会增强经济周期在国家间的传导。负向的金融冲击会导致企业的融资风险溢价急剧上升，持有该国资产的其他国家金融机构在短时间内会面临资产缩水的风险，从而收紧信贷。这使得本国企业和外国企业的融资活动受阻，

投资同步减少，进而增强了国家间的经济周期协同性。

本章的另一重要理论发现为企业资本利用率的调整是影响投资周期跨国传导的重要渠道。与Kalemli-Ozcan等（2013a）的研究相比，本章模型的主要区别与贡献体现在以下两个方面：

第一，本章模型引入了资本利用率的概念，对原有模型进行了有效改进。这一改进不仅解决了在两国投资相关系数较低的问题，而且在模型的数值模拟中，金融一体化对投资周期协同性影响的总效应呈现为负值，这与实证研究的结果高度吻合。此外，各项宏观变量的相关系数不仅在数值上更接近实际数据，而且在相对大小的排序上也与现实观察相一致。资本利用率的引入极大地增强了模型对经济周期协同性的解释能力。

第二，本章详细阐述了资本利用率对传导机制的影响。研究发现，在生产率冲击的作用下，企业会根据经济环境的变化灵活调整资本利用率，从而有效缓和投资对冲击的过度反应，进而提升两国之间的投资周期协同性。而在金融冲击的影响下，资本利用率的变化会进一步放大投资对金融冲击的反应，使两国的投资活动经历更加同步的周期性波动。

第一节　模型框架设计

本章基于开放经济背景，构建了一个两国两部门的动态随机一般均衡模型，以深入探究投资周期跨国传导的机制。图4.1直观地展示了模型的基本框架，清晰地呈现了模型中各经济主体及其相互关系。

在该模型中，每个国家包含三个核心经济主体：家庭、厂商和商业银行。家庭部门作为劳动力和资本的提供者，通过向企业提供劳动来获得工资收入，并持有公司股份以获取分红。家庭的财富主要用于消费和储蓄，其消费决策和储蓄行为共同影响着经济中的总需求和资本积累。

厂商部门则是生产活动的主体，它们通过向商业银行贷款来获取运营资本，用于雇用劳动力和购买生产资料。通过投入劳动力和资本，厂商进行生

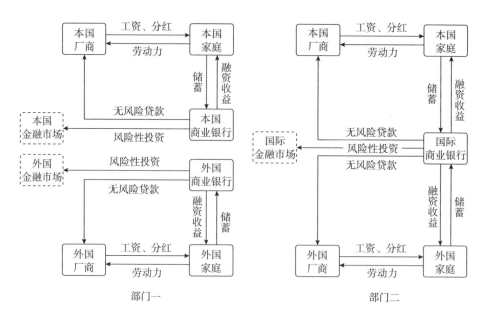

图 4.1　模型的基本框架

产活动并产生产出。产出的一部分用于支付工人工资和企业分红，剩余部分则作为厂商的利润。厂商的运营决策和投资行为直接影响经济中的总供给和投资周期。

商业银行在模型中扮演着资金融通和风险管理的角色。它们将家庭的储蓄转化为贷款，提供给厂商作为运营资本。通过资金运转，商业银行将家庭部门和厂商部门紧密联系起来。同时，商业银行还进行风险性资产投资，以获取更高的投资回报。银行的贷款决策和投资策略不仅影响厂商的融资成本和投资决策，还对整个经济系统的稳定性和风险传播具有重要影响。

在构建的模型中，两个部门之间的主要区别在于它们的金融一体化程度。部门一被设定为金融完全封闭的情境，这意味着该部门的商业银行仅能在本国本部门内部的厂商和家庭之间进行借贷活动，与外部的其他部门以及其他国家的金融市场是隔绝的。而部门二则实现了金融一体化，部门二的厂商和家庭可以通过国际商业银行进行融资和储蓄，这意味着资金可以跨越国界自由流动。为了量化金融一体化的程度，模型假定部门一的规模为（1−n），部

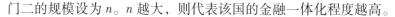

门二的规模设为 n。n 越大，则代表该国的金融一体化程度越高。

除金融一体化程度之外，模型中的两个国家完全对称，经济行为相互对应，都面临着国家特定的生产率冲击和金融冲击。在模型分析中，主要讨论本国经济主体的行为，为了区分本国和外国的变量，模型中使用星号标记外国的对应变量。

第二节　模型构建

一、家庭部门

与标准宏观模型设定一致，假设该经济中的家庭部门在区间 $[0，1]$ 中连续分布，且无限期生存，每期提供劳动力并获得工资收入，上一期的储蓄带来利息收入，同时持有公司股份获得企业分红。家庭的全部收入，一部分用于消费，另一部分用于储蓄。代表性家庭每期选择消费、劳动力投入和储蓄规模来最大化其终身效用，家庭部门的最优化问题可以表示为：

$$\max E_0 \sum \beta^t \frac{\left(c_{it} - \mu \dfrac{l_{it}^{1+\theta}}{1+\theta}\right)^{1-\gamma} - 1}{1-\gamma}, \ i = 1，2 \tag{4.1}$$

其中，E_0 代表期望算子；β 代表跨期贴现因子，满足 $0<\beta<1$；c_{it} 代表 i 部门 t 期的家庭消费；l_{it} 代表劳动力投入；θ 代表劳动供给弹性的倒数；γ 代表家庭的风险厌恶系数；μ 代表劳动力水平的调节参数。家庭预算约束条件为：

$$c_{it} + \frac{b_{it+1}}{R_{it}} = w_{it} l_{it} + d_{it} + b_{it} \tag{4.2}$$

其中，b_{it} 代表 $t-1$ 期到 t 期家庭在商业银行的储蓄，R_{it} 代表存款利率，w_{it} 代表单位劳动工资，d_{it} 代表企业分红。

家庭在预算约束式（4.2）的条件下最大化终身效用式（4.1），得到相应的一阶条件：

$$w_{it} = \mu l_{it}^{\theta} \tag{4.3}$$

$$\left(c_{it} - \mu \frac{l_{it}^{1+\theta}}{1+\theta} \right)^{-\gamma} = \beta E_t \left(c_{it+1} - \mu \frac{l_{it+1}^{1+\theta}}{1+\theta} \right)^{-\gamma} R_{it} \tag{4.4}$$

由于部门二实现了完全金融一体化，两国的家庭可以在国际商业银行中配置储蓄。因此，对部门二来说，本国和外国的家庭部门面临的储蓄利率相等，即 $R_{2t} = R_{2t}^*$。

二、厂商部门

假定厂商部门为风险中性，在区间 [0，1] 中连续分布，每期投入劳动力和资本进行生产活动，厂商的生产函数采用科布－道格拉斯（Cobb－Douglas）函数形式：

$$Y_{it} = e^{z_t} K_{it}^{\alpha} L_{it}^{1-\alpha} \tag{4.5}$$

其中，K_{it} 和 L_{it} 分别代表资本投入和劳动力投入，系数 α 代表资本占产出的份额，两国生产率 z_t 和 z_t^* 服从双变量 AR（1）过程，A_z 代表生产率冲击自相关系数矩阵，ε_t^z 和 $\varepsilon_t^{z^*}$ 分别代表两个国家受到的外生生产率冲击：

$$\begin{bmatrix} z_t \\ z_t^* \end{bmatrix} = A_z \begin{bmatrix} z_{t-1} \\ z_{t-1}^* \end{bmatrix} + \begin{bmatrix} \varepsilon_t^z \\ \varepsilon_t^{z^*} \end{bmatrix} \tag{4.6}$$

参考 Christiano 等（1992）和 Neumeyer 等（2005），本节将商业银行与实体经济联系起来的一个关键假设是厂商为了进行生产活动，需要在获得销售收入之前向银行借入一部分资金用作营运资本，通常用来支付工人工资。厂商的最优决策是在考虑投资调整成本的条件下，选择生产要素投入和企业投资从而使期望利润最大化，可表示为：

$$\max E_t \sum_{k=0}^{\infty} m_{it+k} D_{it+k} \tag{4.7}$$

其中，m_{it+k} 代表随机贴现因子，$m_{it+k} = \beta^k \dfrac{U_c(c_{it+k}, l_{it+k})}{U_c(c_{it}, l_{it})}$；$D_{it}$ 代表全部经营收入扣除工人工资、企业投资和借入营运资本的利息之后的企业净利润；厂商的利润表达式为：

$$D_{it} = Y_{it} - w_{it}L_{it} - X_{it} - (R_{it}^e - 1)\chi w_{it}L_{it} \tag{4.8}$$

其中，产品价格单位化代表1，x_{it} 表示企业投资，χ 代表企业需要借入的运营资本占全部工资的比例，R^e 代表企业融资贷款利率。同样，由于两国部门二的厂商均可从国际商业银行中进行借贷，实现了金融一体化。因此，对部门二来说，本国厂商和外国厂商面临的借款利率完全相同，即 $R_{2t}^e = R_{2t}^{e*}$。

资本动态累积方程为：

$$K_{it+1} = (1-\delta)K_{it} + \Phi\left(\frac{X_{it}}{K_{it}}\right)K_{it} \tag{4.9}$$

$$\Phi\left(\frac{X_{it}}{K_{it}}\right) = \frac{\eta_1}{1-\xi}\left(\frac{X_{it}}{K_{it}}\right)^{1-\xi} + \eta_2 \tag{4.10}$$

其中，δ 代表资本折旧率；$\Phi(X/K)$ 为投资调整成本函数，并满足 $\Phi>0$、$\Phi'>0$、$\Phi''<0$（Baxter 和 Crucini，1995；Jermann，1998）；η_1 和 η_2 的设定使存在投资调整成本时的稳态与无调整成本时的稳态保持一致，即满足 $\Phi(\delta)=\delta$、$\Phi'(\delta)=1$。

求解厂商最优解得到的一阶条件满足：

$$E_t\left\{\beta m_{it+1}\left[\alpha e^{z_{t+1}}\left(\frac{K_{it+1}}{L_{it+1}}\right)^{\alpha-1} + \frac{1-\delta+\Phi\left(\frac{X_{it+1}}{K_{it+1}}\right)}{\Phi'\left(\frac{X_{it+1}}{K_{it+1}}\right)} - \frac{X_{it+1}}{K_{it+1}}\right]\right\} = \frac{1}{\Phi'\left(\frac{X_{it}}{K_{it}}\right)} \tag{4.11}$$

$$(1-\alpha)e^{z_t}\left(\frac{K_{it}}{L_{it}}\right)^{\alpha} = \left[1+\chi(R_{it}^e-1)\right]w_{it} \tag{4.12}$$

三、商业银行部门

商业银行在模型中发挥着关键作用，作为连接厂商部门和家庭部门的重要桥梁，它们不仅执行信用中介的基本职能，还参与资金的分配和风险管理。

在两国非金融一体化部门中，家庭储蓄分别是 $\frac{b_{1t+1}}{R_{1t}}$ 和 $\frac{b_{1t+1}^*}{R_{1t}^*}$，这些储蓄资金主要通过商业银行流向生产领域。相比之下，金融一体化部门的家庭拥有更多的储蓄选择。两国部门二的家庭总储蓄为 $\frac{(b_{2t+1}+b_{2t+1}^*)}{R_{2t}}$。这些储蓄不仅可以在国内使用，还可以通过国际银行进行跨国储蓄和投资，从而实现了资金的全球配置。

商业银行在获得这些存款后，主要有两种使用方式。一是将一部分资金作为无风险的企业贷款提供给厂商，用于支持其运营资本需求。这部分贷款对于维持厂商的正常运营和生产活动至关重要。二是将另一部分资金用于风险性资产投资，以追求更高的回报。R_t^m 和 R_t^{m*} 分别代表了两国风险性资产的收益率，在均衡状态下，这些资产的收益率均值是相同的。由于风险性资产的预期回报率较高，商业银行通常会按照其银行监管允许的最大份额进行投资，用 $\overline{m}$ 表示该份额，并且满足一定的约束条件 $0<\overline{m}<1$。在部门一中，由于金融市场的封闭性，商业银行的贷款和投资活动仅限于该国该部门内部。在部门二中，国际银行可以向两个国家的厂商提供贷款，并配置多元化的国际投资。

为了确保存贷款利率之间的利差为正，笔者参考 Kalemli - Ozcan 等（2013a）的设定，引入了商业银行的经营成本 τ。这一成本的引入反映了商业银行在组织和管理各种业务活动时需要承担的实际费用，确保了模型的现实性和准确性。

在基准模型中，为了简化分析并聚焦核心机制，国际银行持有国内风险性资产的份额被设定为 $p=0.5$，这意味着国际银行在配置其投资组合时，对两国的风险性资产给予了相同的权重。这种设定有助于我们理解在风险分散和资产配置均等的情况下，金融一体化如何影响经济周期跨国传导。然而，在实际情况中，国际银行持有两国风险性资产的比例可能受到多种因素的影响，包括但不限于两国的经济基本面、政策环境、市场风险等。因此，在敏感性分析中将调整这一假设，以探究不同比例下模型的行为和结果。具体来说，将分别设定 $p=0.1$ 和 $p=0.9$，以模拟国际银行对某一国风险性资产持有份额的偏向。这种偏向可能是由于该国具有更高的投资回报、更低的风险，或是特定的政策导向和市场条件。

在竞争性银行的假设下，均衡状态时商业银行的利润为零，可以得到：

$$\overline{m}R_t^m+(1-\overline{m})R_{1t}^e=R_{1t}+\tau \tag{4.13}$$

$$\overline{m}R_t^{m*}+(1-\overline{m})R_{1t}^{e*}=R_{1t}^*+\tau \tag{4.14}$$

$$\overline{m}\left(\frac{R_t^m}{2}+\frac{R_t^{m\,*}}{2}\right)+\left(1-\overline{m}\right)R_{2t}^e=R_{2t}+\tau \tag{4.15}$$

两国的风险性资产的回报率服从双变量 AR（1）过程：

$$\begin{bmatrix} R_t^m \\ R_t^{m\,*} \end{bmatrix}=\begin{bmatrix} I-A_R \end{bmatrix}\begin{bmatrix} \overline{R}^m \\ \overline{R}^m \end{bmatrix}+A_R\begin{bmatrix} R_{t-1}^m \\ R_{t-1}^{m\,*} \end{bmatrix}+\begin{bmatrix} \varepsilon_t^R \\ \varepsilon_t^{R\,*} \end{bmatrix} \tag{4.16}$$

其中，$\overline{R}^m$ 代表风险资产的平均回报率；I 代表单位矩阵；A_R 代表 2×2 的相关系数矩阵；ε_t^R 和 $\varepsilon_t^{R\,*}$ 分别代表两国的外生金融冲击，服从 IID 分布。

四、均衡条件

经济系统的均衡状态定义如下：在给定的外生冲击 $\{z_t,\ z_t^*,\ R_t^m,\ R_t^{m\,*}\}$ 和初始条件的情况下，价格序列 $\{R_{it},\ R_{it}^*,\ R_{it}^e,\ R_{it}^{e\,*},\ w_{it},\ w_{it}^*\}$ 和分配序列 $\{c_{it},\ c_{it}^*,\ l_{it},\ l_{it}^*,\ d_{it},\ d_{it}^*,\ b_{it+1},\ b_{it+1}^*,\ K_{it+1},\ K_{it+1}^*,\ X_{it},\ X_{it}^*,\ L_{it},\ L_{it}^*,\ D_{it},\ D_{it}^*\}$ 使家庭部门实现预期终身效用最大化，厂商实现预期利润最大化，满足各经济主体的预算约束条件，竞争性商业银行利润为零，同时劳动力市场出清、利润分配出清、资本市场出清。

劳动力市场出清条件为：

$$L_{1t}=\left(1-n\right)l_{1t} \tag{4.17}$$

$$L_{2t}=nl_{2t} \tag{4.18}$$

利润分配出清是指厂商全部利润所得按股份分配等于单个家庭部门的红利：

$$D_{1t}=\left(1-n\right)d_{1t} \tag{4.19}$$

$$D_{2t}=nd_{2t} \tag{4.20}$$

资本市场的出清条件为各部门的运营资本等于该部门的商业银行贷款。部门一的银行贷款仅限于为该国部门一的生产厂商垫付工人工资，而部门二的营运资本等于国际银行对两国部门二的总贷款。

$$\chi w_{1t}L_{1t}=\left(1-\overline{m}\right)\frac{\left(1-n\right)b_{1t+1}}{R_{1t}} \tag{4.21}$$

$$\chi w_{1t}^* L_{1t}^* = (1-\overline{m}) \frac{(1-n) b_{1t+1}^*}{R_{1t}^*} \tag{4.22}$$

$$\chi (w_{2t} L_{2t} + w_{2t}^* L_{2t}^*) = (1-\overline{m}) \frac{n (b_{2t+1} + b_{2t+1}^*)}{R_{2t}} \tag{4.23}$$

第三节　参数校准

与标准的宏观经济模型一致（Fogli 等，2015；Kalemli - Ozcan 等，2013a），家庭部门的季度贴现因子 β 取 0.99；资本产出份额 α 设为 0.36；年度资本折旧率设为 10%，因此季度资本折旧率 δ 为 0.025。劳动供给弹性参考 Greenwood 等（1988）取 1.7；θ 是劳动供给弹性的倒数，取值为 0.6；劳动力水平的调节参数 μ 取 4.561，使稳态下的劳动供给标准化为 1/3。参考 Cashin 等（2016）的研究，风险厌恶系数 γ 取 2。参考 Baxter 和 Crucini（1995），本书将投资调整成本参数 ξ 校准为 0.067。根据 Mendoza（2010）测算的运营资本占 GDP 的比例，本书的运营资本参数 χ 设为 0.26，与实际数据相对应。

部门二的规模 n 与金融一体化程度直接相关，当 $n=1$ 时，两国金融完全一体化；当 $n=0$ 时，相当于封闭经济体。本章利用 BIS 数据计算得到的样本期间内美国金融一体化水平的平均值为 0.15，计算方法为 $USIntegration_t = \dfrac{\sum_i (Asset_{iUS,t} + Liabilities_{iUS,t} + Asset_{USi,t} + Liabilities_{USi,t})}{GDP_{US,t} + \sum_i GDP_{i,t}}$，以此校准 n，得到 $n = 0.487$。根据 Bekhtiar 等（2019）的相关研究，美国金融财富中风险资产占比为 40%，因此我们将风险性资产投资份额 $\overline{m}$ 设定为 0.4。参考 Kalemli-Ozcan 等（2013a）的设定，商业银行的经营成本 τ 设为 0.04，从而使生产率冲击和金融冲击共同作用下的存贷款利率之差保持在 3% 的平均水平。

在生产率冲击方程中，参考 Kalemli-Ozcan 等（2013a）的参数设定，自相关系数设为 0.95。随机冲击 ε_t^z 和 $\varepsilon_t^{z^*}$ 的均值为 0，两国之间金融冲击的相关系数 $\rho_e^z = 0.3$。笔者同时考察只有生产率冲击、生产率冲击和金融冲击共存的两种情形，用只存在生产率冲击的模型模拟非金融危机期间的经济体，用生产率冲击和金融冲击共同作用的模型来刻画金融危机期间的经济状况。将两种情形下数值模拟得到的 GDP 标准差同时校准为实际数据中观察到的季度 GDP 标准差 1.32%，以方便对比，详细计算方法参考 Heathcote 等（2013）。校准结果为，当只存在生产率冲击时，方差 σ_e^z 为 0.625%；当生产率冲击和金融冲击同时作用时，方差 σ_e^z 为 0.58%。

在金融冲击方程中，本书参考 Kalemli-Ozcan 等（2013a）的参数设定，将风险性资产（如股票）的平均实际回报率 $\overline{R}^m$ 设为 6%。金融冲击的自相关系数 P^R 设定为 0.95，ε_t^R 和 $\varepsilon_t^{R^*}$ 的相关系数为 0.3。本书用美国的实际 GDP 季度增长率来校准其标准差 σ_e^R。美国季度 GDP 增长率的标准差由非金融危机期间的 0.52% 增长到 2008 年金融危机期间的 0.89%，将金融危机期间美国 GDP 波动程度的上升归因于金融冲击，从而得到金融冲击的标准差 $\sigma_e^R = 4.0\%$。根据 Stock 等（2003）、Bernanke（2004）和 Clark（2009）等对"大缓和"（Great Moderation）时期的定义，非危机期间样本时间段定义为 1984Q1~2007Q2，金融危机期间为 2008Q3~2009Q2。

以上参数校准值汇总见表 4.1。

表 4.1　参数校准

参数	含义	校准值	参数来源/校准目标	
β	季度贴现因子	0.99	年度资本收益率 4%	标准宏观模型设定（Fogli and Perri，2015；Kalemli-Ozcan 等，2013a）
α	资本产出份额	0.36	劳动占产出份额 0.64	
δ	季度资本折旧率	0.025	年度折旧率 10%	
θ	劳动供给弹性的倒数	0.6	Greenwood 等（1988）	
μ	劳动力水平的调节参数	4.561	稳态时的劳动供给标准化为 1/3	
γ	风险厌恶系数	2	Cashin 等（2016）	
ξ	投资调整成本参数	0.067	Baxter 和 Crucini（1995）	
χ	运营资本参数	0.26	运营资本在 GDP 中的占比（Mendoza，2010）	

续表

参数	含义	校准值	参数来源/校准目标
n	部门二相对规模	0.487	美国的金融一体化水平平均值为0.15（据BIS数据计算得到）
$\bar{m}$	风险性资产投资份额	0.4	美国风险性投资份额40%（Bekhtiar等，2019）
τ	商业银行运营成本	0.04	贷款利率与储蓄利率之差为3%
$\bar{R}^m$	风险性资产的平均回报率	0.06	
ρ^Z	生产率冲击的自回归系数	0.95	Kalemli-Ozcan等（2013a）
ρ_e^Z	生产率冲击的相关系数	0.3	
ρ^R	金融冲击的自回归系数	0.95	
ρ_e^R	金融冲击的相关系数	0.3	
σ_e^Z	生产率冲击的方差	0.625%，0.58%	美国季度GDP增长率的标准差1.32%
σ_ε^R	金融冲击的方差	4.0%	金融危机期间美国GDP增长率标准差的增量为0.37%

第四节　脉冲响应函数分析

一、生产率冲击下的脉冲响应

笔者对生产率冲击作用下的经济周期的跨国传递渠道进行了分析，图4.2报告了本国受到一单位标准差的负向生产率冲击时两国主要经济变量的脉冲响应结果，横坐标表示以季度为单位的时期，纵坐标表示各经济变量偏离其均衡值的百分比。

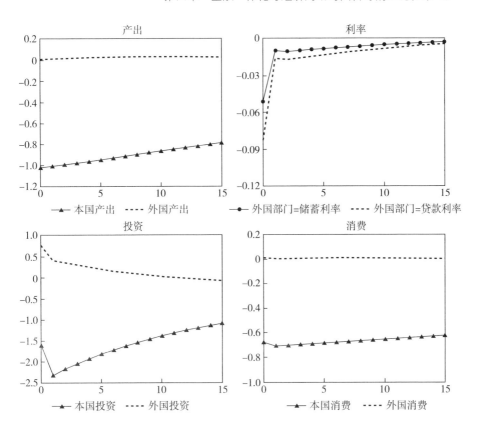

图4.2　生产率冲击作用下各经济体的脉冲响应结果

在分析生产率冲击对经济周期跨国传递渠道的影响时，本书特别关注了金融一体化部门的表现。当一国遭受负向生产率冲击时，其国内产出会明显下降，这直接导致了企业对劳动力需求的减少。随着企业生产规模的缩小，其融资需求也随之降低，进而促使贷款利率下降。在金融一体化的背景下，这种利率变动不仅影响本国，还同步传导至国外市场。值得注意的是，尽管国内生产率下降，但国外市场由于贷款利率的同步降低和劳动力成本的减少，其厂商反而能够雇用更多的劳动力，进而推动国外产出的上升。这种跨国传递效应表明，金融一体化在一定程度上平滑了生产率冲击对各国经济的影响，使冲击不再局限于单一国家内部。

从消费周期的角度来看，其变化与产出周期呈现出类似的趋势。但由于投资对经济波动的敏感性更高，其变动的幅度往往更大。在本例中，一单位标准差的负向生产率冲击导致国内投资显著下降了1.65个百分点，而国外投资则上升了约0.75个百分点。这种差异进一步削弱了两国消费周期和投资周期的协同性。

接下来将详细剖析生产率冲击在不同国家和部门之间的传导机制。图4.3反映了本国受到一个标准差的负向生产率冲击时，两国各部门主要经济变量的脉冲响应结果。

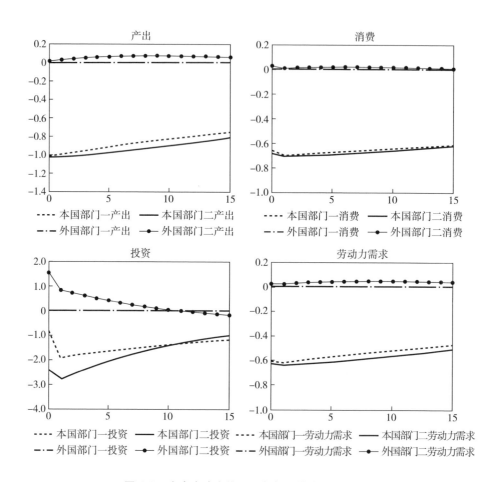

图4.3　生产率冲击作用下各部门的脉冲响应结果

在本国受到负向生产率冲击时，两个部门的反应截然不同。部门一作为一个与外界分离的封闭经济体，其经济活动主要局限于国内。因此，当生产率下降时，企业劳动力需求减少，投资活动缩减，产出自然也会下降。由于部门一的金融活动未与外部市场连接，这种生产率冲击无法通过该部门传导至国外。

然而，部门二的情况则大不相同。由于实现了金融一体化，部门二的经济活动与国际金融市场紧密相连。当本国部门二受到生产率冲击时，企业融资需求降低，导致商业银行贷款利率下降。这种利率变动在金融市场一体化的情况下，会同步影响到国外的部门二。国外部门二的厂商因此能够以更低的成本雇用更多的劳动力以扩大生产规模。同时，国内部门二融资需求的减少也使资本流向国外，进一步推动了国外部门二的投资增长。此外，部门二的储蓄利率也会随着信贷需求的下降而下降。这意味着国外部门二的家庭储蓄减少，但由于工资收入的上升，家庭消费反而会增加。这种消费的增长进一步拉动了国外经济，形成了一种正向的循环效应。

部门二的这种反应与 Backus 等（1992）经典的经济周期模型中的结论是一致的。生产率冲击通过金融一体化渠道，减弱了两国之间产出、消费和投资周期的协同性。这意味着，在金融一体化程度不断提高的背景下，国内的生产率冲击将对国外产生更大的影响，国家之间的经济周期协同性会变得更低。

二、金融冲击下的脉冲响应

2008 年爆发的金融危机对世界经济造成了巨大冲击，成为 20 世纪 30 年代经济大萧条以来最严重的金融危机之一。以往的金融危机都是发源于实体经济，再经过金融中介市场将冲击放大；而 2008 年由美国次贷危机引发的全球金融危机则是发源于金融市场，资产泡沫破裂导致信贷市场崩溃，最终波及实体经济，与传统的生产率冲击具有截然不同的传导模式。

本书为了深入探讨金融冲击下金融一体化对经济周期跨国传导的理论机制，通过引入风险资产回报率，将金融冲击融入国际经济周期（IRBC）模型。图 4.4 详细展示了在经历一个标准差的负向金融冲击后，两国主要经济变量（涵盖产出、消费、投资和利率）的动态调整过程。具体来说，当本国遭遇负向金融冲击时，国内商业银行所持有的风险性资产价值缩水，为规避风险，银行大幅缩减信贷规模，导致国内企业面临更高的融资风险溢价，进而引发企业投资和产出下滑。与此同时，持有该国资产的国际商业银行出于避险考虑，也减少了对国外企业的贷款，使得国外企业外部融资的风险溢价同步上升，最终导致外国企业的产出减少。这一连锁反应加强了国家间经济周期的协同性，显示出金融一体化在冲击传导中的加速器作用。此外，本国一单位标准差的负向金融冲击不仅使本国产出下降了约 0.32 个百分点，同时也导致外国产出下降了约 0.1 个百分点。两国消费和投资也呈现出与产出相似的动态调整过程，其中消费变动幅度稍大于产出的变动幅度。

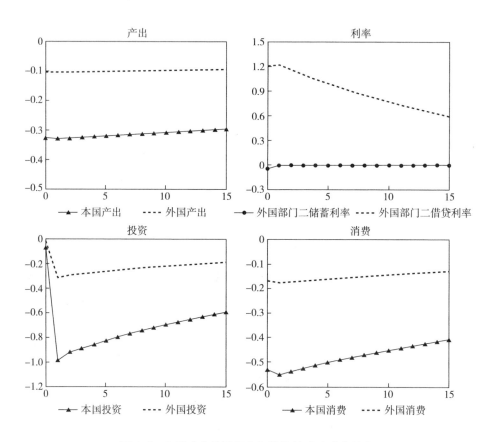

图 4.4　金融冲击作用下各经济体的脉冲响应结果

图4.5显示了各部门在受到金融冲击后的动态调整过程。负向金融冲击导致本国部门一商业银行所投资的风险性资产回报率显著下降，银行因此开始惜贷，进而推动部门一的贷款利率上升。由于贷款成本增加，企业的贷款需求随之下降。受限于运营资本的缩减，那些面临融资困难的企业不得不减少劳动力需求，从而导致产出减少。从图4.5金融冲击作用下各部门的脉冲响应结果可以发现，由于金融市场分割，本国的金融冲击无法从部门一传导到外国。

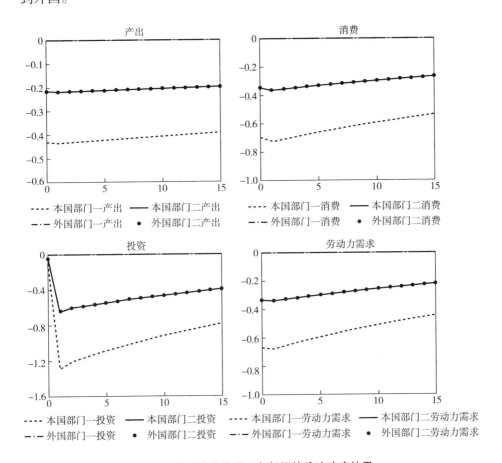

图4.5 金融冲击作用下各部门的脉冲响应结果

然而，对于实现完全金融一体化的部门二来说，情况则大不相同。当本国受到负向金融冲击时，部门二的企业融资风险溢价会急剧上升。图4.5中部门二的储蓄利率和贷款利率脉冲响应结果也印证了这一观点，金融冲击导致部门二的贷款利率攀升而储蓄利率下降。由于金融一体化，两国部门二在国际金融市场上面对的是相同的贷款利率，因此国内部门二所受的冲击会通过利率渠道完整地传导至国外。这意味着，两国的金融一体化部门对金融冲击的反应是完全一致的，本国部门一受到的冲击将在部门二中被两个国家共同分担。因此，随着部门二在金融体系中占比的增加，两国在金融冲击的作用下，其经济周期的同步性将显著增强。这充分展示了金融一体化在跨国经济周期传导中的重要作用。

第五节　模型数值模拟和经济周期统计量

一、模型数值模拟的定量分析

本节旨在通过模型数值模拟结果的定量分析，与第三章的实证结果进行对比，从而检验理论模型对现实世界的刻画能力。本节的基本思路是，利用仅包含生产率冲击的模型来模拟非金融危机时期的经济体表现，借助生产率冲击与金融冲击共同作用的模型来描绘金融危机时期的经济状况。在模型数值模拟过程中，首先，从小到大等间距选取 20 个金融一体化水平，对应每种金融一体化水平，在生产率冲击的作用下模拟 100 期，生产率和金融冲击共同作用下再模拟 100 期，共选取 10 个国家组合。其次，采用与第三章实证分析中相同的方法，利用模型数值模拟得到的数据进行回归分析。目的是通过对比模型模拟结果与现实数据来检验理论模型对现实情况的解释力。

表 4.2 展示了金融一体化与产出、消费及投资周期协同性的回归结果。其中，第 (1)、(3)、(5) 列展示了采用现实数据进行回归分析的结果，而第 (2)、(4)、(6) 列则展示了模型数值模拟得到的回归结果。对比这两部分结果，可以发现模型定量分析的结果与实证分析结果高度一致，这充分证明了本书的理论模型在刻画金融一体化与经济协同性的关系上存在有效性。

表 4.2　模型数值模拟和现实数据的回归结果对比

	$Synch^Y$		$Synch^C$		$Synch^I$	
	Data	Model	Data	Model	Data	Model
	（1）	（2）	（3）	（4）	（5）	（6）
Integration	-0.0215^{***}	-0.0071^{***}	-0.0264^{***}	-0.0115^{***}	0.0220	-0.6215^{***}
	（0.0071）	（0.0004）	（0.0081）	（0.0004）	（0.0245）	（0.0173）
Integration×Crisis	0.0442^{***}	0.0250^{***}	0.0500^{***}	0.0804^{***}	0.1113^{***}	0.1246^{***}
	（0.0090）	（0.0040）	（0.0097）	（0.0047）	（0.0300）	（0.0130）
国家组合固定效应	控制	控制	控制	控制	控制	控制
时间固定效应	控制	控制	控制	控制	控制	控制
各国时间趋势	控制	控制	控制	控制	控制	控制
观测值	45313	39600	44320	39600	44135	39600
调整后 R^2	0.258	0.080	0.242	0.094	0.304	0.138

注：此表报告了金融一体化与经济周期协同性的回归结果，常数项结果略去。第（1）、（3）、（5）列汇报了采用现实数据进行回归的结果，来自表 3.2 中的基准回归；第（2）、（4）、（6）列则是模型数值模拟后回归得到的估计结果。回归中各连续解释变量均经过对数化处理，回归时控制了国家组合固定效应、时间固定效应和各国时间趋势。括号中报告了国家组合层面的聚类稳健标准误，*、**和***分别代表在10%、5%和1%水平下显著。

对于产出协同性和消费协同性，模型数值模拟的回归结果（第2列和第4列）显示，在非金融危机期间，金融一体化与产出协同性及消费协同性呈负相关关系。然而，当金融危机发生时，金融一体化与金融危机交互项的系数显著为正，且总效应也为正，这表明在金融冲击的推动下，各国之间紧密的金融联系实际上增强了产出和消费的协同性。特别地，我们观察到在金融冲击作用下，消费协同性呈现出比产出协同性更强的正相关关系，与第（1）列和第（3）列中使用真实数据回归得到的估计结果高度一致。这可能是因为消费相对于产出更具有弹性，金融冲击对消费者信心和行为的影响更为直接和显著，因此更容易在金融一体化的国家之间形成消费协同性。

对于投资协同性（第6列），回归结果显示投资周期的变动比产出和消费更加剧烈，这符合经济理论的预期，因为投资通常是对未来预期的反应，更容易受到各种冲击的影响。金融一体化的回归系数显著为负，而交乘项系数显著为正，这表明在金融冲击作用下，金融一体化对投资周期协同性具有强烈的正向效应。但研究发现，金融危机期间金融一体化对投资周期协同性影响的总效应为负值，这与实证分析结果并不相符。对此，笔者将在下一节中通过引入资本利用率来进一步完善对投资协同性的刻画，以期更准确地揭示金融一体化与投资周期协同性之间的关系。

二、各经济变量的主要统计量

本书的理论模型在拟合现实数据方面展现出了较强的能力。表 4.3 详细展示了各经济变量在不同类型外部冲击下的主要经济周期统计量。其中，第（1）列数据来源于 Heathcote 等（2013）对美国实际经济情况的统计结果，为研究提供了参考基准。第（2）列和第（3）列则分别呈现了模型在单独生产率冲击下以及生产率冲击和金融冲击共同作用下的模拟结果。

表 4.3　经济周期相关统计量

	实际数据 （1）	生产率冲击 （2）	生产率冲击和金融冲击 （3）
百分数标准差			
产出	1.32	1.32	1.32
标准差/产出标准差			
消费	0.62	0.68	0.88
投资	2.85	2.12	2.23
劳动力	0.66	0.61	0.81
净出口	0.40	0.30	0.32
与产出的相关系数			
消费	0.78	1.00	0.92
投资	0.94	0.92	0.89

续表

	实际数据 （1）	生产率冲击 （2）	生产率冲击和金融冲击 （3）
劳动力	0.84	1.00	0.91
净出口	-0.44	-0.26	-0.16
跨国相关系数			
消费	0.49	0.28	0.51
产出	0.20	0.28	0.34
投资	0.35	-0.12	0.07
劳动力	0.38	0.27	0.51

注：第（1）列实际数据的统计结果来自 Heathcote 和 Perri（2013）。第（2）、（3）列分别汇报了经济体在单独生产率冲击下，以及生产率冲击和金融冲击共同作用下的统计结果。具体方法为：将模型模拟 200 期，去掉前 10 期，共重复模拟过程 200 次并取平均值，而后计算各项统计量。除净出口外，所有变量都经过对数处理，并采用 HP 滤波方法从原序列中得到剔除长期趋势后的波动项，滤波参数取为 1600。净出口统计量表示为净出口相对于总产出的占比。

在模拟过程中，本书采用了严格的方法论：模型共模拟了 200 期，剔除了前 10 期的数据以消除初始条件的影响；随后，整个模拟过程重复 200 次并取平均值，以确保统计量的稳定性和可靠性。所有变量在进行分析前都经过了对数化处理，以消除量纲的影响。为了更准确地捕捉经济周期的波动特征，研究中采用了 Hodrick-Prescott（HP）滤波方法，从原序列中分离出剔除长期趋势后的波动项。滤波参数设定为 1600。净出口统计量表示为净出口相对于总产出的占比。

通过观察和分析，可以得到以下几点重要的发现：

（1）本书的理论模型展现出了强大的拟合能力，能够较好地模拟由实际数据计算得到的经济周期相关统计量。同时，模型中的统计量与标准的两国实际经济周期（RBC）模型中的统计量保持一致，这进一步增强了模型的有效性和适用性。

（2）金融冲击可以显著提高两国经济周期波动的相关性。在模型中，由于外部冲击无法在金融封闭的部门之间进行跨国传导，因此两国之间部门一的相关性主要来源于冲击本身的相关性；而对于实现了完全金融一体化的部门二，两国之间的协同性则显著依赖于外部冲击的类型。具体来说，当仅有生产率冲击时，两国的经济协同性会降低，消费、劳动力和产出的跨国相关系数均小于两国之间冲击自身的相关系数 0.3。当引入金融冲击后，两国主要经济变量之间的跨国相关系数会明显提高，且消费协同性的提升比产出协同性的提升更加显著。这一发现揭示了金融冲击在促进国家间经济协同性方面的重要作用，尤其是在消费领域。值得注意的是，虽然本书理论模型中的消费是通过倒推家庭部门预算约束得到的，并非直接刻画消费风险分担机制，但模型得到的理论分析结果与经济周期文献保持一致。即消费协同性高于产出协同性，这一发现与现实数据高度吻合，进一步证明了本书模型对现实观察的高度刻画能力。

（3）观察发现两国的投资相关性较低，生产率冲击作用下仅为 -0.12，两种冲击共同作用时也只有 0.07，远低于实际数据中观察到的投资相关性水平 0.35。在生产率冲击作用下，两国投资的协同性呈现出负相关关系，与现实数据中观察到的现象截然相反，也被称作"投资相关性之谜"（Backus 等，1992；Heathcote 等，2002；Kehoe 等，2002；Corsetti 等，2008）。这一谜题在经济学界已经引起了广泛的关注和讨论，许多学者尝试从不同角度对其进行解释。考虑到模型对投资协同性的解释能力有限，本章将在第六节中通过引入资本利用率对此加以改进，从而有效提升模型对现实的刻画能力。

（4）引入了金融冲击后，各经济变量的波动性会有所提高。消费标准差从 0.68 增长到 0.88，投资则从 2.12 上升到 2.23，劳动力和进出口也呈现出类似的变化趋势。这是由于运营资本通过利率渠道放大了金融冲击的作用效果，进而引起经济波动幅度上升。

图 4.6 描绘了各种跨国相关系数随金融一体化水平的变化趋势，直观地展示了金融一体化水平对两国之间经济周期协同性的影响。首先，观察图 4.6 中实线的趋势，可以发现在生产率冲击的单独作用下，随着金融一体化水平（横轴表示部门二的规模）的提高，各种跨国相关系数（包括产出、消费、投资和劳动力）呈现出下降趋势。这意味着，在仅受生产率冲击的影响

下，金融一体化并没有促进两国经济周期的同步性，反而可能导致两国经济
波动的差异增大。然而，虚线表示在生产率冲击和金融冲击共同作用下的跨
国相关系数，其趋势却显著不同。可以看出，这些相关系数要明显高于单独
生产率冲击时的水平（实线），这表明金融冲击的引入显著提高了两国经济
周期波动的相关性。金融冲击能够通过金融市场传导至各国，影响各国的经
济活动和波动，从而增强两国经济周期的相关性。此外，随着金融一体化程
度的提高（横轴向右移动），实线和虚线之间的间距也在不断扩大。这意味
着金融冲击的作用效果随着金融一体化程度的提高而不断增强。在金融一体
化程度较高的国家，金融市场的联系更加紧密，金融冲击能够更快速、更广
泛地传播，从而对两国经济周期协同性产生更大的影响。

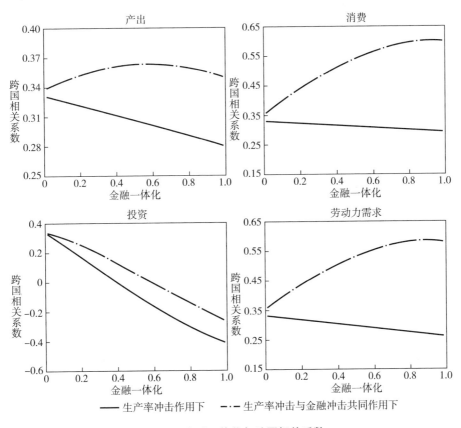

图4.6　金融一体化与跨国相关系数

第六节 模型改进与拓展

本节将引入资本利用率对模型进行进一步拓展，以更好地解释现实经济中投资周期协同性的现象。具体而言，针对两国投资的相关系数较低，且在模型数值模拟得到的回归结果中金融一体化对投资周期协同性影响的总效应为负值的问题，本节将加入企业的资本利用率这一关键变量，对模型进行完善。

首先，资本利用率是衡量企业资本使用效率的重要指标。在现实经济中，企业的投资决策往往受到资本利用率的影响。当资本利用率较高时，企业可能更倾向于增加投资，以充分利用现有资本；反之，当资本利用率较低时，企业可能会减少投资，以避免过度扩张或浪费资源。因此，将资本利用率纳入模型，有助于更准确地刻画企业的投资行为。

其次，通过引入资本利用率，可以进一步分析金融一体化对投资周期协同性的影响机制。金融一体化使两国之间的金融市场联系更加紧密，资本流动更加自由。这在一定程度上会影响企业的融资成本和投资机会，进而影响其投资决策。资本利用率的引入，可以帮助我们更好地理解金融一体化如何通过影响企业的资本使用效率，进而传导至投资周期协同性。

再次，引入资本利用率还可以使理论模型更加贴近现实。在现实经济中，企业的投资行为受到多种因素的影响，包括市场需求、技术进步、政策环境等。而资本利用率作为衡量企业内部资源利用情况的重要指标，能够更全面地反映这些因素对企业投资的影响。因此，引入资本利用率，可以使模型更加符合现实经济的运行规律。

最后，通过对引入资本利用率后的模型进行数值模拟和实证分析，可以验证金融一体化对经济周期跨国传导结论的稳健性。如果改进后的模型能够更好地解释投资周期协同性的现象，并且金融一体化的影响效应与之前的结论保持一致或有所改进，那么这将进一步证明研究模型的可靠性和有效性。

综上所述，本节将引入资本利用率对模型进行进一步拓展，以完善对投资周期协同性的解释，并验证金融一体化对经济周期跨国传导结论的稳健性。这将有助于我们更深入地理解现实经济中的投资行为和经济周期波动现象，为政策制定提供更有力的理论支持。

一、引入资本利用率的模型改进

引入资本利用率 u_{it} 后，代表性厂商的柯布-道格拉斯（Cobb-Douglas）生产函数可以表示为：

$$Y_{it} = e^{z_t}(u_{it}K_{it})^\alpha L_{it}^{1-\alpha} \tag{4.24}$$

厂商在进行生产决策时会同时选择劳动力、资本等生产要素投入以及最优的资本利用率来最大化其利润。根据 Baxter 和 Crucini（1995）、Jermann（1998）、Baxter 和 Farr（2005）和 Mandelman 等（2011）等的研究，资本利用率的提升是有成本的，较高的资本利用率意味着更高的资本折旧，因此厂商需要在资本利用率提高带来的高产出和高折旧率之间进行权衡取舍。资本折旧率可以表示为如下函数形式：

$$\delta(u_{it}) = \delta_1 + \frac{\delta_2}{1+\zeta}u_{it}^{1+\zeta} \tag{4.25}$$

其中，$\delta_1 > 0$、$\delta_2 > 0$，ζ 代表资本折旧率关于资本利用率的弹性系数。关于参数的选取，本节参考 Baxter 和 Farr（2005a）、Mandelman（2010，2011）的研究，将弹性设定为1；同时，满足稳态时资本利用率为1，可以得到 $\delta_2 = 0.0351$、$\delta_1 = 0.0075$，从而使稳态时的资本折旧率与基准模型一致。

资本动态积累方程为：

$$K_{it+1} = [1-\delta(u_{it})]K_{it} + \Phi\left(\frac{X_{it}}{K_{it}}\right)K_{it} \tag{4.26}$$

$$\Phi\left(\frac{X_{it}}{K_{it}}\right) = \frac{\eta_1}{1-\xi}\left(\frac{X_{it}}{K_{it}}\right)^{1-\xi} + \eta_2 \tag{4.27}$$

求解企业的利润最大化问题：

$$\max E_t \sum_{k=0}^{\infty} m_{it+k}[Y_{it+k} - w_{it+k}L_{it+k} - X_{it+k} - (R_{it+k}^e - 1)\chi w_{it+k}L_{it+k}] \tag{4.28}$$

可以得到一阶条件：

$$E_t\left\{\beta m_{it+1}\left[\alpha e^{z_{t+1}}u_{it+1}\left(\frac{u_{it+1}K_{it+1}}{L_{it+1}}\right)^{\alpha-1}+\frac{1-\delta(u_{it+1})+\Phi\left(\dfrac{X_{it+1}}{K_{it+1}}\right)}{\Phi'\left(\dfrac{X_{it+1}}{K_{it+1}}\right)}-\frac{X_{it+1}}{K_{it+1}}\right]\right\}=\frac{1}{\Phi'\left(\dfrac{X_{it}}{K_{it}}\right)}$$

$$(4.29)$$

$$(1-\alpha)e^{z_t}\left(\frac{u_{it}K_{it}}{L_{it}}\right)^{\alpha}=\left[1+\chi(R_{it}^e-1)\right]w_{it} \tag{4.30}$$

$$\alpha e^{z_t}(u_{it}K_{it})^{\alpha-1}L_{it}^{1-\alpha}\,\Phi'\left(\frac{X_{it}}{K_{it}}\right)=\delta_2 u_{it}^{\zeta} \tag{4.31}$$

二、资本利用率的机制分析

本章将详细阐述引入资本利用率带来的影响，从脉冲响应函数分析其影响机制，并分别通过模型对经济周期统计量（特别是两国之间投资的相关性）进行刻画，以及比较数值模拟后的回归结果等方面解释资本利用率的重要作用。

图4.7和图4.8分别描述了在生产率冲击和金融冲击作用下，本国受到1个标准差的负向冲击时企业投资和资本利用率的变动情况。为了便于分析，图4.9同时比较了包含资本利用率和未引入资本利用率时模型的脉冲响应函数结果。

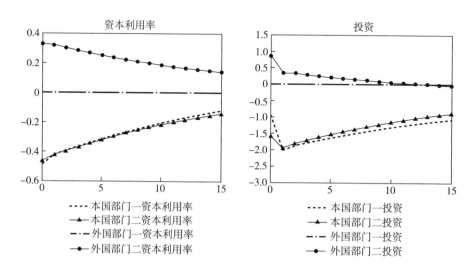

图4.7 生产率冲击下投资和资本利用率的脉冲响应结果

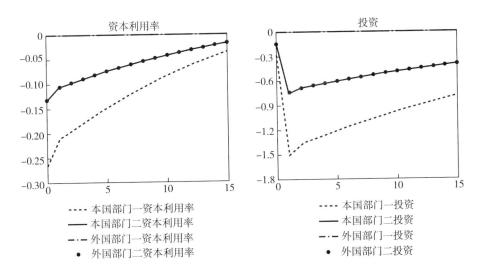

图 4.8　金融冲击下投资和资本利用率的脉冲响应结果

当经济体受到生产率冲击时，观察图 4.9 左侧图可以发现，在不考虑资本利用率的模型中，外国投资对生产率冲击的反应更明显。其背后的逻辑在于，当本国受到负向生产率冲击而造成产出下降时，本国劳动力的需求也下降，相应地，企业融资需求降低使得贷款利率下降，完全金融一体化的国外部门二也会面临更低的贷款利率。如果企业不能调整其资本利用率，那么外国投资对生产率冲击的反应将更明显，投资增长幅度更大，因此两国投资周期的协同性越低。引入资本利用率会明显削弱这种效应，随着贷款利率的下降，外国部门二资本利用率也有所提高（如图 4.7 左侧图所示）。这意味着企业可以通过调整资本利用率来优化生产决策，从而缓和投资的过度反应。同样地，在不考虑资本利用率的模型中，本国投资在受到负向生产率冲击时下降幅度也更大，而在引入资本利用率之后，资本利用率的下降（如图 4.7 左侧图所示）会缓和投资水平的过度降低。由此可见，资本利用率在投资周期的跨国传导中发挥了重要作用，投资利用率的引入在很大程度上消减了投资对生产率冲击的过度反应，从而使两国的投资协同性提高。而这一点在之前 Kalemli-Ozcan 等（2013a）的研究中却被忽略了，所以模型对投资周期跨国传导的解释力有限。

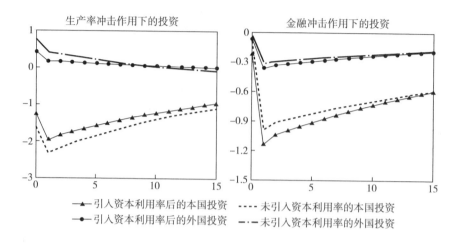

图 4.9 引入资本利用率前后投资变动情况对比

当经济体受到负向金融冲击时，在引入了资本利用率的模型中，观察图4.8可以发现，投资下降的同时企业的资本利用率也降低。大量资金消耗会影响企业正常运转和规模扩张，企业生产经营受限。资本利用率的引入将放大金融冲击的效果，使企业产出下降幅度更大，企业会进一步减少其投资。因此，我们在图4.9右侧图观察到引入资本利用率之后，两国投资同步下降的趋势更显著，投资协同性也就更高。

上述作用机制在表4.4关于引入资本利用率前后跨国相关系数的对比中得到了充分印证，进一步印证了资本利用率在改善模型对两国投资周期相关性刻画能力方面的关键作用。

表 4.4 引入资本利用率前后跨国相关系数对比

	实际数据	生产率冲击	生产率冲击和金融冲击
	（1）	（2）	（3）
引入资本利用率			
消费	0.49	0.23	0.44
产出	0.20	0.21	0.28
投资	0.35	0.20	0.32

续表

	实际数据	生产率冲击	生产率冲击和金融冲击
	（1）	（2）	（3）
引入资本利用率			
劳动力	0.38	0.20	0.42
无资本利用率			
消费	0.49	0.28	0.51
产出	0.20	0.28	0.34
投资	0.35	−0.12	0.07
劳动力	0.38	0.27	0.51

　　首先，在单独的生产率冲击作用下，投资相关系数从无资本利用率模型中的−0.12显著上升到引入资本利用率后的0.20。这一变化表明，资本利用率的引入有效缓解了外国投资对生产率冲击的过度反应，使模型中的投资周期协同性更加接近现实情况。

　　其次，在生产率冲击和金融冲击共同作用的情境下，投资协同性更是从0.07上升到了0.32，这一数值更加接近实际数据观察到的相关性水平0.35。这进一步证明了资本利用率在优化模型、提高投资周期协同性刻画能力方面的有效性。

　　再次，引入资本利用率之后，消费、产出和劳动的相关系数有所降低。在生产率冲击和金融冲击共同作用下，各项宏观变量的统计量不仅在数值上更贴近实际数据中的水平，而且相对大小（即排序）也与现实观察高度一致。

　　最后，图4.10的直观展示也进一步证实了上述观察。与图4.6对比可以发现，引入资本利用率后，两国投资的跨国相关系数得到了极大的改善，更加贴近实际数据水平。这不仅证明了资本利用率在模型中的重要作用，也为我们提供了一个更加准确、可靠的工具来分析和预测两国投资周期的协同性。

　　表4.5展示了引入资本利用率前后回归结果的对比，为深入理解资本利用率在改善金融一体化与投资周期协同性之间关系中的关键作用提供了有力证据。通过对比引入资本利用率前后的回归结果，我们可以发现以下几点显著变化：

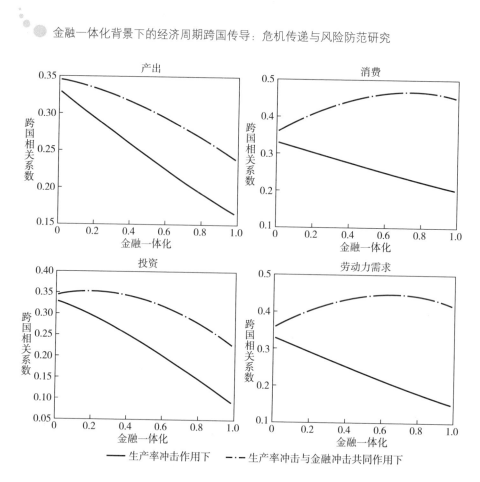

图 4.10 引入资本利用率后的金融一体化与跨国相关系数

表 4.5 引入资本利用率前后回归结果对比

	引入资本利用率			无资本利用率		
	$Synch^Y$	$Synch^C$	$Synch^I$	$Synch^Y$	$Synch^C$	$Synch^I$
	（1）	（2）	（3）	（4）	（5）	（6）
Integration	−0.0448***	−0.0291***	−0.1904***	−0.0071***	−0.0115***	−0.6215***
	（0.0008）	（0.0006）	（0.0094）	（0.0004）	（0.0004）	（0.0173）
Integration×Crisis	0.0623***	0.1390***	0.2678***	0.0250***	0.0804***	0.1246***
	（0.0058）	（0.0052）	（0.0133）	（0.0040）	（0.0047）	（0.0130）
国家组合固定效应	控制	控制	控制	控制	控制	控制
时间固定效应	控制	控制	控制	控制	控制	控制

续表

	引入资本利用率			无资本利用率		
	$Synch^Y$	$Synch^C$	$Synch^I$	$Synch^Y$	$Synch^C$	$Synch^I$
	(1)	(2)	(3)	(4)	(5)	(6)
各国时间趋势	控制	控制	控制	控制	控制	控制
观测值	39600	39600	39600	39600	39600	39600
调整后 R^2	0.085	0.124	0.096	0.080	0.094	0.138

注：此表报告了引入资本利用率前后，模型数值模拟后回归得到的金融一体化与经济周期协同性之间的回归结果，常数项结果略去。前3列为加入资本利用率之后的结果，后3列是未加入资本利用率的结果。回归中各连续解释变量均经过对数化处理，回归时控制了国家组合固定效应、时间固定效应和各国时间趋势。括号中报告了国家组合层面的聚类稳健标准误，＊、＊＊和＊＊＊分别代表在10%、5%和1%水平下显著。

首先，引入资本利用率后，金融一体化的回归系数发生了明显的变化。对比第（3）列和第（6）列，在未引入资本利用率的情况下，金融一体化的回归系数为-0.6215，显示出较强的负效应。然而，在引入资本利用率后，这一系数下降至-0.1904，表明资本利用率的引入削弱了金融一体化的负向影响。这一变化表明，资本利用率在调整和优化企业投资决策方面发挥了重要作用，从而影响了金融一体化与投资周期协同性之间的关系。

其次，金融危机期间金融一体化的总效应在引入资本利用率后发生了作用方向的改变。在未引入资本利用率时，金融一体化的总效应为负值（-0.4969），这可能是由于生产率冲击下外国投资对冲击的过度反应所导致的。然而，在引入资本利用率后，金融一体化的总效应变为正值（0.0774），这与实际数据中观察到的投资周期协同性相吻合。这一变化表明，资本利用率的引入有助于缓解外国投资对生产率冲击的过度反应，从而提高了两国投资周期的协同性。

值得注意的是，引入资本利用率并不会改变金融一体化对消费协同性和产出协同性的作用方向。这表明，尽管资本利用率在投资周期协同性方面发挥了重要作用，但它对消费和产出的协同性影响较小。因此，本书的结论在引入资本利用率后依然稳健。

为考察资本利用率对本书影响机制的稳健性，笔者参考 Basu 等

（1997）的研究，将资本折旧率关于资本利用率的弹性系数参数设为 2，重新进行检验，得到了表 4.6 关于跨国相关系数和表 4.7 数值模拟的回归结果，结果显示资本利用率参数的选取并不影响本书结论的稳健性。

表 4.6　敏感性分析：资本利用率与跨国相关系数

资本利用率 $\zeta=2$	实际数据（1）	生产率冲击（2）	生产率冲击和金融冲击（3）
消费	0.49	0.27	0.49
产出	0.20	0.27	0.34
投资	0.35	0.17	0.32
劳动力	0.38	0.27	0.49

表 4.7　敏感性分析：资本利用率与数值模拟的回归结果

资本利用率 $\zeta=2$	$Synch^Y$ （1）	$Synch^C$ （2）	$Synch^I$ （3）
Integration	-0.0125^{***}	-0.0147^{***}	-0.2081^{***}
	(0.0002)	(0.0005)	(0.0096)
Integration×Crisis	0.0536^{***}	0.1275^{***}	0.3168^{***}
	(0.0048)	(0.0046)	(0.0136)
国家组合固定效应	控制	控制	控制
时间固定效应	控制	控制	控制
各国时间趋势	控制	控制	控制
观测值	39600	39600	39600
调整后 R^2	0.086	0.144	0.104

注：此表报告了调整资本利用率参数后模型数值模拟后回归得到的金融一体化与经济周期协同性之间的回归结果，回归中各连续解释变量均经过对数化处理，回归时控制了国家组合固定效应、时间固定效应和各国时间趋势。括号中报告了国家组合层面的聚类稳健标准误，＊、＊＊和＊＊＊分别代表在 10%、5% 和 1% 水平下显著。

上述结果表明，资本利用率的引入有效提高了模型对投资周期协同性的刻画能力。资本利用率的调整是影响投资周期跨国传导的重要渠道。无论是在生产率冲击单独作用，还是在生产率冲击与金融冲击共同作用的情境下，投资相关系数均得到了显著改善，更加贴近实际数据观察到的水平。

第七节　敏感性分析

本节将评估基准结果对风险资产持有比率和运营资本的稳健性，并分析二者对经济周期跨国传导的影响机制。首先，通过调整模型中的风险资产持有比率参数发现，该比率的变化对两国经济周期的协同性具有显著影响。当银行增加风险资产的持有比率时，它们对外部冲击的敏感性增强，从而可能导致投资波动加大。这种波动性的增加可能会加剧经济周期的跨国传导效应。其次，考虑了运营资本对经济周期跨国传导的作用。运营资本的充足与否直接影响企业的生产能力和投资决策。当运营资本紧张时，企业可能面临流动性约束，从而限制其投资活动。这种限制可能会削弱两国投资周期的协同性。相反，当运营资本充足时，企业能够更好地应对外部冲击。

除风险资产持有比率和运营资本外，本节还对其他参数进行了敏感性分析，包括商业银行的经营成本、国际银行持有国内风险性资产的份额、生产率冲击和金融冲击的自相关系数等。通过重新校准这些参数并保持稳态不变，评估其对基准结果的影响。这些参数的调整有助于更全面地了解经济系统的运行机制和经济周期跨国传导的规律。

一、风险性资产持有比率

风险性资产持有比率 $\overline{m}$ 是决定金融冲击作用效果进而影响经济周期跨国传递的关键参数。金融冲击扩大了企业贷款利率和家庭储蓄利率之间的差距，且持有风险性资产的份额越大，贷款利率对风险性资产冲击的敏感性就越高，金融冲击的影响越大，相应地，两国经济周期的协同性就越高。从式（4.32）~式（4.34）中也可以得到这一关系：

$$R_{1t}^{e} = \frac{1}{1-\overline{m}}(R_{1t}+\tau) - \frac{\overline{m}}{1-\overline{m}}R_{t}^{m} \tag{4.32}$$

$$R_{1t}^{e^*} = \frac{1}{1-m}(R_{1t}^* + \tau) - \frac{\overline{m}}{1-m}R_t^{m^*} \tag{4.33}$$

$$R_{2t}^{e} = \frac{1}{1-m}(R_{2t} + \tau) - \frac{\overline{m}}{1-m}\left(\frac{R_t^m}{2} + \frac{R_t^{m^*}}{2}\right) \tag{4.34}$$

根据 Bekhtiar 等（2019）使用欧元区国家家庭金融和消费调查（House-hold Financeand Consumption Survey，HFCS）计算得到的统计结果，欧元区各国风险性资产投资占全部金融资产的平均比例在 30% ~ 40%。在本节中，我们特别关注风险性资产持有比率对经济周期跨国传导的影响，将风险性资产持有比率从基准值 0.4 降到 0.3，以此研究其变动如何影响两国经济周期的协同性。

表 4.8 统计了不同冲击类型下两国之间产出、消费、投资和劳动力的相关系数，并加入基准统计量进行对比。在仅有生产率冲击的情况下，风险性资产持有比率的降低对两国生产率冲击传递的影响相对较小。然而，当考虑到金融冲击时，风险性资产持有比率的变动发挥了更加显著的作用。第（3）列的结果表明，风险性资产持有比率下降使得两国消费和投资的相关系数降低。这一结果背后的经济学逻辑是，当风险性资产持有比率较高时，对风险性资产回报率的负向冲击（即负向金融冲击）可能导致国际商业银行为了规避风险而直接引发信贷紧缩。这种信贷紧缩会进一步影响企业的贷款利率，导致企业外部融资的风险溢价上升。在这种情况下，国家之间的经济周期可能会同步收缩。然而，当风险性资产持有比率降低时，上述作用的效果会被削弱，从而降低两国宏观变量之间的相关系数。

表 4.8　跨国相关系数的对比

	实际数据 （1）	生产率冲击 （2）	生产率冲击和金融冲击 （3）
基准结果			
消费	0.49	0.25	0.51
产出	0.20	0.29	0.35
投资	0.35	-0.08	0.09

续表

	实际数据 （1）	生产率冲击 （2）	生产率冲击和金融冲击 （3）
基准结果			
劳动力	0.38	0.28	0.52
风险性资产持有比率 $\overline{m}=0.3$			
消费	0.49	0.28	0.34
产出	0.20	0.28	0.50
投资	0.35	−0.12	0.05
劳动力	0.38	0.27	0.51
运营资本 $\chi=0.5$			
消费	0.49	0.26	0.34
产出	0.20	0.26	0.52
投资	0.35	−0.04	0.25
劳动力	0.38	0.24	0.53

表 4.9 中的回归结果进一步印证了这一作用机制。与基准回归结果相比，当风险性资产持有比率下降时，金融一体化与金融危机的交互项系数也随之减小。这表明风险性资产持有比例的降低确实减弱了金融冲击的作用，进而影响了两国经济周期的协同性。

表 4.9　敏感性分析：风险性资产持有比率

	基准结果			$\overline{m}=0.3$		
	$Synch^Y$	$Synch^C$	$Synch^I$	$Synch^Y$	$Synch^C$	$Synch^I$
	（1）	（2）	（3）	（4）	（5）	（6）
Integration	−0.0071***	−0.0115***	−0.6215***	−0.0055***	−0.0088***	−0.6270***
	（0.0004）	（0.0004）	（0.0173）	（0.0004）	（0.0003）	（0.0171）
Integration×Crisis	0.0250***	0.0804***	0.1246***	0.0247***	0.0787***	0.0885***
	（0.0040）	（0.0047）	（0.0130）	（0.0039）	（0.0047）	（0.0129）
国家组合固定效应	控制	控制	控制	控制	控制	控制
时间固定效应	控制	控制	控制	控制	控制	控制

续表

	基准结果			$\overline{m}=0.3$		
	$Synch^Y$	$Synch^C$	$Synch^I$	$Synch^Y$	$Synch^C$	$Synch^I$
	(1)	(2)	(3)	(4)	(5)	(6)
各国时间趋势	控制	控制	控制	控制	控制	控制
观测值	39600	39600	39600	39600	39600	39600
调整后 R^2	0.080	0.094	0.138	0.080	0.094	0.145

注：此表报告了在风险资产持有比率的不同参数设定下，模型数值模拟后回归得到的金融一体化与经济周期协同性之间的回归结果，常数项结果略去。前 3 列为模型基准结果，后 3 列风险性资产持有比率设为 0.3。回归中各连续解释变量均经过对数化处理，回归时控制了国家组合固定效应、时间固定效应和各国时间趋势。括号中报告了国家组合层面的聚类稳健标准误，＊、＊＊和＊＊＊分别代表在 10%、5% 和 1% 水平下显著。

二、运营资本

企业运营资本的引入为分析经济周期协同性提供了一个新的视角。运营资本参数 x 表示企业需要预先借入的工资占全部工人工资比例，$\chi=1$ 时每期开始企业需全额支付人工成本，$\chi=0$ 时企业运转不需要借入运营资本。运营资本作为企业流动性管理的重要组成部分，其充足与否直接影响企业面对外部冲击时的应对能力。本节参考 Neumeyer 等（2005）的研究，设定运营资本参数为 0.5，以探讨运营资本通过利率渠道对经济周期协同性的影响机制。

两国之间产出、消费、投资和劳动力的相关系数如表 4.8 所示。首先，在负向的国内生产率冲击作用下，χ 越大，即运营资本越多，国内产出下降越少，这主要是由部门一导致的。运营资本的充足使得企业在面临冲击时能够维持相对稳定的生产活动，从而减少对产出的负面影响。而国外产出的上升则来自金融一体化的部门二的传导，χ 越大，厂商需要更多的运营资本，那么企业从贷款利率下降中获得的收益将更大，产出增加的更多。因此，随着运营资本的增加，国内产出下降得越少，国外产出增加得越多，导致两国的经济周期协同性减弱。

进一步地，当生产率冲击和金融冲击共同作用时，运营资本的影响变得更加显著。在这种情况下，χ 越大，企业需要借入的运营资本越多，其对借贷利率的敏感性就越高。当银行风险资产遭受损失时，这将导致劳动力和投资需求出现更大程度的下降。因此，运营资本在金融冲击的传导过程中起到了放大效应的作用。相比于其他经济变量，这种放大效应在投资相关性上表现得尤为明显，说明运营资本对投资活动的影响更为直接和显著。

表 4.10 关于运营资本敏感性分析的回归结果显示，相比于基准回归结果，无论是对产出、消费还是投资，金融一体化指标的回归系数有所下降，而交乘项系数均有提升。这说明在生产率冲击的作用下，运营资本占比增加会降低两国经济周期的协同性；而在这两种冲击共同作用时，企业运营资本越多，两国经济周期的协同性越高，进一步证实了上述传导路径。并且，随着企业运营资本的增加，金融危机期间金融一体化对投资的影响显著增大，交乘项回归系数为 0.3878，约为第（3）列中基准结果的 3 倍，这也与表 4.8 中的结果相一致。

表 4.10 敏感性分析：运营资本

	基准结果			$\chi = 0.5$		
	$Synch^Y$	$Synch^C$	$Synch^I$	$Synch^Y$	$Synch^C$	$Synch^I$
	（1）	（2）	（3）	（4）	（5）	（6）
Integration	-0.0071***	-0.0115***	-0.6215***	-0.0205***	-0.0308***	-0.4808***
	(0.0004)	(0.0004)	(0.0173)	(0.0005)	(0.0013)	(0.0113)
Integration×Crisis	0.0250***	0.0804***	0.1246***	0.0253***	0.0879***	0.3878***
	(0.0040)	(0.0047)	(0.0130)	(0.0041)	(0.0048)	(0.0214)
国家组合固定效应	控制	控制	控制	控制	控制	控制
时间固定效应	控制	控制	控制	控制	控制	控制
各国时间趋势	控制	控制	控制	控制	控制	控制
观测值	39600	39600	39600	39600	39600	39600
调整后 R^2	0.080	0.094	0.138	0.080	0.095	0.094

注：此表报告了在运营资本的不同参数设定下，模型数值模拟后回归得到的金融一体化与经济周期协同性之间的回归结果，常数项结果略去。前 3 列为模型基准结果，后 3 列风险性资产持有比率设为 0.3。回归中各连续解释变量均经过对数化处理，回归时控制了国家组合固定效应、时间固定效应和各国时间趋势。括号中报告了国家组合层面的聚类稳健标准误，*、**和***分别代表在 10%、5%和 1%水平下显著。

三、其他敏感性分析

本节对商业银行经营成本、国际银行持有国内风险性资产份额以及冲击自相关系数等关键变量进行了深入的敏感性分析，以探究这些变量变动对经济周期协同性的影响。通过设定不同的参数值，并对模型进行定量分析。

首先是关于商业银行经营成本的敏感性分析。将 τ 的值分别设定为 0 和 0.08，并观察不同成本水平下经济周期协同性的变化，研究结果如表 4.11 所示。

表 4.11　其他敏感性分析：商业银行经营成本

	$\tau=0$			$\tau=0.08$		
	$Synch^Y$	$Synch^C$	$Synch^I$	$Synch^Y$	$Synch^C$	$Synch^I$
	(1)	(2)	(3)	(4)	(5)	(6)
Integration	−0.0073***	−0.0118***	−0.6193***	−0.0069***	−0.0113***	−0.6235***
	(0.0004)	(0.0004)	(0.0173)	(0.0004)	(0.0004)	(0.0173)
Integration×Crisis	0.0257***	0.0831***	0.1327***	−0.0069***	−0.0113***	−0.6235***
	(0.0040)	(0.0048)	(0.0132)	(0.0039)	(0.0047)	(0.0127)
国家组合固定效应	控制	控制	控制	控制	控制	控制
时间固定效应	控制	控制	控制	控制	控制	控制
各国时间趋势	控制	控制	控制	控制	控制	控制
观测值	39600	39600	39600	39600	39600	39600
调整后 R^2	0.080	0.095	0.137	0.080	0.093	0.140

注：此表报告了调整商业银行的经营成本参数后得到的回归结果，各连续解释变量均经过对数化处理，回归时控制了国家组合固定效应、时间固定效应和各国时间趋势。括号中报告了国家组合层面聚类稳健标准误，*、**和***分别代表在10%、5%和1%水平下显著。

其次是国际银行持有的国内风险性资产份额的变化。调整这一份额分别为0.1和0.9，结果如表4.12所示。

表 4.12　其他敏感性分析：国际银行持有国内风险性资产份额

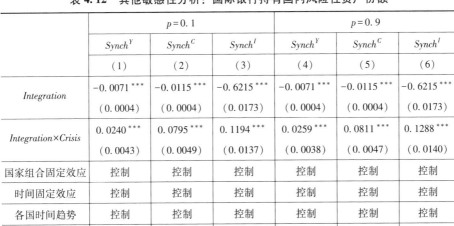

	$p=0.1$			$p=0.9$		
	$Synch^Y$	$Synch^C$	$Synch^I$	$Synch^Y$	$Synch^C$	$Synch^I$
	（1）	（2）	（3）	（4）	（5）	（6）
Integration	−0.0071***	−0.0115***	−0.6215***	−0.0071***	−0.0115***	−0.6215***
	（0.0004）	（0.0004）	（0.0173）	（0.0004）	（0.0004）	（0.0173）
Integration×Crisis	0.0240***	0.0795***	0.1194***	0.0259***	0.0811***	0.1288***
	（0.0043）	（0.0049）	（0.0137）	（0.0038）	（0.0047）	（0.0140）
国家组合固定效应	控制	控制	控制	控制	控制	控制
时间固定效应	控制	控制	控制	控制	控制	控制
各国时间趋势	控制	控制	控制	控制	控制	控制
观测值	39600	39600	39600	39600	39600	39600
调整后 R^2	0.080	0.094	0.139	0.081	0.094	0.138

注：此表报告了调整国际银行持有国内风险资产份额后得到的回归结果，各连续解释变量均经对数化处理，回归时控制国家组合固定效应、时间固定效应和各国时间趋势。括号中报告了国家组合层面聚类稳健标准误，＊、＊＊和＊＊＊分别代表在10%、5%和1%水平下显著。

再次是对生产率冲击和金融冲击的自相关系数进行了敏感性分析。根据 Yao（2019）和 Kollmann 等（2011）的研究，我们将这两个自相关系数均设定为0.97，以探究冲击持续性对经济周期协同性的影响，结果记录在表4.13 和表 4.14 中。

表 4.13　其他敏感性分析：生产率冲击自相关系数

$p_z=0.97$	$Synch^Y$	$Synch^C$	$Synch^I$
	（1）	（2）	（3）
Integration	−0.0076***	−0.0175***	−0.8324***
	（0.0007）	（0.0005）	（0.0207）
Integration×Crisis	0.0252***	0.0768***	0.1265***
	（0.0039）	（0.0050）	（0.0148）
国家组合固定效应	控制	控制	控制
时间固定效应	控制	控制	控制

续表

$p_z = 0.97$	$Synch^Y$ (1)	$Synch^C$ (2)	$Synch^I$ (3)
各国时间趋势	控制	控制	控制
观测值	39600	39600	39600
调整后 R^2	0.080	0.090	0.163

注：此表报告了提高生产率冲击自相关系数后得到的回归结果，各连续解释变量均经过对数化处理，回归时控制国家组合固定效应、时间固定效应和各国时间趋势。括号中报告了国家组合层面聚类稳健标准误，＊、＊＊和＊＊＊分别代表在10％、5％和1％水平下显著。

表 4.14　其他敏感性分析：金融冲击自相关系数

$p_R = 0.97$	$Synch^Y$ (1)	$Synch^C$ (2)	$Synch^I$ (3)
Integration	−0.0071＊＊＊ (0.0004)	−0.0115＊＊＊ (0.0004)	−0.6215＊＊＊ (0.0173)
Integration×Crisis	0.0252＊＊＊ (0.0041)	0.0902＊＊＊ (0.0049)	0.1228＊＊＊ (0.0142)
国家组合固定效应	控制	控制	控制
时间固定效应	控制	控制	控制
各国时间趋势	控制	控制	控制
观测值	39600	39600	39600
调整后 R^2	0.082	0.100	0.140

注：此表报告了提高金融冲击自相关系数后得到的回归结果，各连续解释变量均经过对数化处理，回归时控制国家组合固定效应、时间固定效应和各国时间趋势。括号中报告了国家组合层面聚类稳健标准误，＊、＊＊和＊＊＊分别代表在10％、5％和1％水平下显著。

最后是将各项敏感性分析的经济周期统计量（主要是跨国相关系数）统一整理于表4.15中，以便更直观地比较不同参数设置下的结果。通过对比分析可以发现，尽管参数值有所变化，但经济周期协同性的基本趋势和规律始终保持一致，充分证明了本书的研究结论在不同参数设置下均展现出稳健性。

表 4.15　敏感性分析各参数设定下的跨国相关系数对比

	实际数据	生产率冲击	生产率冲击和金融冲击	生产率冲击	生产率冲击和金融冲击
	（1）	（2）	（3）	（4）	（5）
商业银行经营成本		$\tau = 0$		$\tau = 0.08$	
消费	0.49	0.28	0.51	0.28	0.50
产出	0.20	0.28	0.34	0.28	0.34
投资	0.35	−0.11	0.08	−0.12	0.06
劳动力	0.38	0.27	0.52	0.27	0.51
国际银行持有国内风险资产的份额		$p = 0.1$		$p = 0.9$	
消费	0.49	0.28	0.52	0.28	0.53
产出	0.20	0.28	0.35	0.28	0.35
投资	0.35	−0.12	0.09	−0.12	0.09
劳动力	0.38	0.27	0.53	0.27	0.53
冲击的自相关系数		$p_z = 0.97$		$p_R = 0.97$	
消费	0.49	0.26	0.48	0.28	0.52
产出	0.20	0.27	0.34	0.28	0.34
投资	0.35	−0.28	−0.07	−0.12	−0.05
劳动力	0.38	0.26	0.51	0.27	0.51

注：第（1）列实际数据的统计结果来自 Heathcote 和 Perri（2013）。第（2）~（5）列分别汇报了经济体在各种冲击作用下的统计结果。具体方法为：将模型模拟 200 期，剔除前 20 期，共重复 200 次并取平均值，计算各项统计量。所有变量都经过对数处理，并采用 HP 滤波方法从原序列中得到剔除长期趋势后的波动项，滤波参数取为 1600。

本章小结

　　本章建立了一个动态随机一般均衡模型来刻画不同冲击类型下，金融一体化影响经济周期跨国传导的理论机制。模型分析结果表明，金融一体化对经济周期传导的影响取决于外部冲击的类型：如果经济的周期性波动由金融冲击引发，较高的金融一体化程度会加强经济周期在国家之间的传导；如果经济周期由生产率冲击引发，较高的金融一体化会减弱经济周期在国家之间的传导。模型定量分析结果与实证研究的结果高度吻合，验证了金融一体化在 2008 年全球金融危机传导中的重要作用。

金融冲击和生产率冲击跨国传导的理论机制如下：一方面，金融冲击通过影响风险性资产的回报率，进而对企业的投资行为和经济产出产生影响。当本国经济受到负向金融冲击时，企业的融资风险溢价会急剧上升，这使得持有该国资产的他国金融机构面临资产缩水的风险。这种风险会进一步导致银行信贷紧缩，从而减少对本国和他国企业的投资。这一连串的反应最终会加强国家之间经济周期的协同性。换句话说，金融一体化在金融冲击的传导过程中起到了"放大器"的作用，使冲击的效应在各国之间更为显著。另一方面，生产率冲击的跨国传导机制则呈现出不同的特点。当本国经济受到负向生产率冲击时，本国生产率下降，跨国银行出于风险管理的考虑，会减少对该国的投资，转而投向其他国家。同时，本国产出的下降也会减少劳动力需求和企业的融资需求。然而，对于金融一体化部门而言，国内外贷款利率会同步下降，国外厂商可以以更低的成本雇用更多的劳动力，从而推动国外产出的上升。因此，生产率冲击会导致两国之间的产出协同性下降，金融一体化在这一过程中起到了"缓冲器"的作用。

通过引入资本利用率的概念，本章模型在探讨金融一体化对经济周期跨国传导的影响时取得了重要的理论突破。笔者不仅深入剖析了资本利用率在投资周期变化中的关键作用，还展示了这一改进如何增强模型对现实经济现象的解释力。

首先，资本利用率的引入有效地解释了投资对冲击的过度反应问题。在生产率冲击下，企业能够灵活调整资本利用率，从而平滑投资波动，增强两国间的投资协同性。在金融冲击的作用下，资本利用率的变化会进一步放大投资对金融冲击的反应，从而使两国的投资经历更加同步的周期性波动。这一发现为我们理解投资周期的变化提供了新的视角，也突出了资本利用率在跨国经济周期传导中的重要作用。

其次，资本利用率的引入显著提高了模型对投资协同性的解释力。在金融危机期间，金融一体化对投资协同性的影响得到了更好的刻画，金融一体化对投资协同性影响的总效应为正；模型数值模拟的结果也与实际数据更为吻合。

再次，引入资本利用率后，模型在刻画宏观变量相关系数方面也有了显著改进。在生产率冲击和金融冲击的共同作用下，各项宏观变量的相关系数不仅在数量上更贴近实际数据，而且在相对大小的排序上也与现实观察高度一致。投资利用率可以极大地改善模型对国家之间主要宏观变量相关系数的刻画能力。

最后，资本利用率的引入在改善投资协同性的同时，并不会改变金融一体化对消费协同性和产出协同性的作用方向，这也进一步证实了本书研究结论的稳健性。

第五章

金融一体化与不确定性
冲击下经济周期跨国传导

第一节 引 言

百年未有之大变局加速演进，国际环境的深刻变化加速了经济金融格局演变，也为世界各国经济复苏带来了一系列新的挑战。在全球经济波动加大和跨境风险蔓延的背景下，研究外部不确定性冲击的影响对于经济体应对复杂的国际环境，提升风险抵御能力，制定宏观政策平抑经济波动，最终实现经济平稳健康发展，具有重要的理论意义和实践价值。

现有理论文献对金融一体化在不确定性冲击下对宏观经济周期波动的影响尚未展开深入探讨。本章将从这一角度出发，厘清金融一体化对不确定性冲击下的经济周期跨国传导的作用机制。具体而言，本书将在 Kalemli-Ozcan 等（2013a）的框架中，借鉴 Fernández-Villaverde 等（2010，2011）对金融冲击波动性的刻画方法，将风险性资产收益率的波动引入国际经济周期模型，同时考察生产率冲击的波动性和金融冲击的波动性对经济周期跨国传导的影响。

模型分析结果表明，预防性储蓄动机是不确定性冲击跨国传导中的重要机制。当面临生产率波动冲击时，企业和家庭会增加预防性储蓄，以应对未来可能的经济风险。这种预防性储蓄行为会导致投资和消费的减少，进而降低经济周期的协同性。在金融一体化的背景下，这种效应会被放大，因为资本流动更加自由，风险更容易在不同国家之间传导。然而，当面临金融波动冲击时，情况则有所不同。金融市场的波动会导致风险性资产收益率的不确定性增加，进而影响企业和家庭的投资和消费决策。在金融一体化的背景下，这种不确定性冲击会更容易在国家之间传导，导致经济周期的协同性上升。

在众多研究经济周期跨国传导的理论文献中，大多只关注外部冲击的水平而非冲击的波动性，即忽略了不确定性冲击的影响。而这种忽视是一个重要的研究缺口，因为不确定性冲击不仅会对单一国家产生直接的负面影响，如产出下降、需求萎缩和金融市场动荡，还会经由全球价值链、跨境资本流动和人口流动等渠道波及其他国家，引发国家之间经济周期的协同变化（Fernández-Villaverde 等，2011；Christiano 等，2014；Fogli 等，2015；Kollmann，2016；Colacito 等，2018；Arellano 等，2019）。现有的理论文献在探讨不确定性冲击对宏观经济的影响时，主要侧重于生产率冲击的不确定性（Fogli 等，2015；Kollmann，2016；Backus 等，2016；Colacito 等，2018；Hoffmann 等，2019；Silva-Yanez，2020）。这些研究揭示了生产率波动如何影响企业的投资决策、消费者的消费行为以及整体经济的稳定性。还有部分文献考察了政府支出冲击、消费偏好冲击、劳动力供给冲击和货币政策冲击的不确定性等（Benigno 等，2012；Mumtaz 等，2015）。然而，相对于生产率冲击的不确定性，金融冲击的不确定性受到的关注较少，尽管它在现实经济中具有显著的影响。在金融市场中，企业贷款利率与无风险利率之间的差异不仅反映了外部融资的成本，而且利率波动性的增加也直接关联到企业融资风险的上升。这种风险性的提升可能会抑制企业的投资活动，进而影响到整体的经济增长和周期波动（Fernández-Villaverde 等，2010，2011）。特别是在金融一体化的背景下，国际借贷市场的利率波动可能迅速传播到各个国家，加剧全球经济的不确定性。

与本章内容紧密相关的研究主要包括 Colacito 等（2018）、Silva-Yanez（2020）以及 Gete 等（2018）。这些研究从不同角度探讨了不确定性冲击对宏观经济的影响，但各自存在局限性和未覆盖的方面。Colacito 等（2018）的研究强调了递归偏好在解释产出波动跨国传递和国际消费风险分担方面的作用。然而，该研究并未将金融市场状况作为冲击传播的关键因素进行考量，这在一定程度上限制了其对于现实世界的解释能力。Silva-Yanez（2020）则专注于研究宏观经济波动对新兴经济体国外资产积累、风险分担和社会福利的影响。其发现经济体受到不确定性冲击后会增加国外资产积累，并指出金融一体化有助于家庭分散收入风险，从而降低预防性储蓄动机和积累外国资产的意愿。尽管 Silva-Yanez（2020）的研究考虑了生产率不确定性冲击，但其并未深入探讨金融不确定性冲击的重要性，这是一个重要的研究缺口。Gete 等（2018）的研究更侧重于分析不确定性冲击对主要经济变量的影响，包括贸易盈余、投资、产出以及银行信贷和投资风险溢价等。他们构建了一个包含信贷部门的小国开放经济模型，并发现不确定性冲击会导致家庭部门预防性储蓄动机增加，贸易盈余上升，同时企业违约风险加大，导致银行信贷紧缩和投资下降。尽管 Gete 等（2018）对比了生产率波动风险和利率波动风险的作用，但他们并未深入探讨这两种风险在跨国传导方面的差异。

与上述研究相比，本章的研究重点在于分析不确定性冲击对国家之间主要宏观经济变量协同性变化的影响。通过构建更为精细的理论模型，研究发现金融一体化对于生产率波动冲击和金融市场波动冲击的跨国传导具有截然不同的传导机制。这一发现不仅弥补了现有研究的不足，也为深入理解经济周期跨国传导的机制提供了新的视角。本章的理论贡献主要体现在以下两个方面：

首先，通过构建一个引入递归效用的国际经济周期模型，深入研究了国家之间的金融联系在不确定性冲击跨国传递过程中的作用。这一研究不仅为该领域提供了重要的文献补充，也拓展了递归效用在国际宏观领域的应用范围。研究结果表明，引入不确定性冲击能够使各宏观变量的相关系数统计量更加接近真实数据水平，从而提高了模型的解释力和预测精度。同时，数值模拟分析发现，忽略不确定性冲击将会低估金融一体化对国家之间经济周期协同性的影响。

其次，同时考察了生产率波动冲击和金融市场波动冲击的影响，对比了两种不确定性冲击下经济周期的跨国传导机制。这种综合性的分析有助于我们更全面地理解不同类型的不确定性冲击对跨国经济周期的影响，并为预防和应对各类外部冲击提供理论参考。不同于 Gete 等（2018）在小国开放经济模型中得到的生产率波动冲击和利率波动冲击的作用结果没有明显区别的研究结论，本章的研究结果表明，金融一体化对于生产率波动冲击和金融市场波动冲击的跨国传导具有截然不同的传导机制。具体来说，在生产率波动冲击的作用下，金融一体化会降低经济周期的协同性；而在金融波动冲击的作用下，金融一体化会促进经济周期的跨国传导。这一发现为我们深入理解金融一体化在不确定性冲击跨国传递过程中的作用提供了新的视角。

第二节　模型基本设定

本章构建了一个两国两部门开放经济模型动态随机一般均衡模型。每个部门包含三个经济主体：家庭、厂商和商业银行。部门一为金融封闭部门，部门一的商业银行只能在本国本部门的厂商和家庭之间进行借贷；部门二为金融一体化部门，部门二的厂商和家庭可以通过国际商业银行进行融资和储蓄。部门一规模为（1-n），部门二规模为 n。n 越大，表明该国金融一体化程度越高。两个国家完全对称，经济行为相互对应。以下模型主要讨论本国经济主体的行为，外国对应的变量以星号标记。

一、家庭部门

本章的理论模型引入 Epstein-Zin 提出的更加贴近现实经济特征的递归效用函数。相较 CRRA 效用函数，Epstein-Zin 递归效用函数允许偏好结构中的风险厌恶系数和跨期替代弹性相互分离，二者不再互为倒数。也就是说，递归效用可以使消费者对当期和跨期消费风险持不同态度，从而便于更加灵活地刻画消费者的主观属性。假设经济系统中所有家庭均为同质且在区间 [0, 1] 中连续分布，家庭的目标是最大化如下终生期望效用函数：

$$V_{it} = \max \left\{ (1-\beta) \left[u(c_{it}, l_{it}) \right]^{\frac{1-\gamma}{\rho}} + \beta \left[E_t V_{it+1}^{1-\gamma} \right]^{\frac{1}{\rho}} \right\}^{\frac{\rho}{1-\gamma}} \tag{5.1}$$

其中，$u(c_{it},\ l_{it}) = c_{it} - \mu\dfrac{l_{it}^{1+\theta}}{1+\theta}$，$\rho = \dfrac{1-\gamma}{1-\dfrac{1}{\Psi}}$，$\beta$ 是跨期贴现因子，θ 是劳动供

给弹性的倒数，μ 是劳动力水平的调节参数，γ 是家庭的风险厌恶系数，Ψ

代表跨期替代弹性。当 $\gamma = \dfrac{1}{\Psi}$ 时，递归效用函数退化为 CRRA 效用函数。

家庭的预算约束条件为：

$$c_{it} + \frac{b_{it+1}}{R_{it}} = w_{it}l_{it} + d_{it} + b_{it} \tag{5.2}$$

其中，c_{it} 代表 i 部门 t 期的家庭消费，l_{it} 为劳动力投入，b_{it} 是 $t-1$ 期到 t 期家庭在商业银行中的储蓄，R_{it} 为存款利率，w_{it} 为单位劳动力工资，d_{it} 是企业分红。家庭在预算约束式（5.2）下最大化终身期望效用函数式（5.1），得到相应的一阶条件：

$$w_{it} = \mu l_{it}^{\theta} \tag{5.3}$$

$$\beta R_{it} \left[\frac{E_t V_{it+1}^{1-\gamma}}{V_{it+1}^{1-\gamma}} \right]^{\frac{1}{\theta}-1} \cdot \left[\frac{u(c_{it+1},\ l_{it+1})}{u(c_{it},\ l_{it})} \right]^{\frac{1-\gamma}{\theta}-1} = 1 \tag{5.4}$$

由于部门二实现了完全金融一体化，两国的家庭可以在国际商业银行中配置储蓄。因此，对部门二来说，本国和外国的家庭部门的储蓄利率相等，即 $R_{2t} = R_{2t}^{*}$。

二、厂商部门

代表性厂商风险中性，在区间 [0，1] 中连续分布，每期投入劳动力和资本进行生产活动，其生产函数采用柯布-道格拉斯（Cobb-Douglas）形式：

$$Y_{it} = e^{z_t} K_{it}^{\alpha} L_{it}^{1-\alpha} \tag{5.5}$$

其中，K_{it} 和 L_{it} 分别代表资本投入和劳动力投入，系数 α 表示资本占产出的份额，两国生产率 z_t 和 z_t^{*} 服从波动随时间变化的 AR（1）过程。引入 V_t 和 V_t^{*} 来刻画生产率的波动性，二者也服从 AR（1）过程，η_t^{v} 和 $\eta_t^{v^{*}}$ 分别表示两国受到的生产率不确定性冲击，服从 IID 分布，A_z 和 B_v 代表相关系数矩阵。

$$\begin{bmatrix} z_t \\ z_t^* \end{bmatrix} = A_z \begin{bmatrix} z_{t-1} \\ z_{t-1}^* \end{bmatrix} + \begin{bmatrix} e^{v_t} \varepsilon_t^z \\ e^{v_t^*} \varepsilon_t^{z^*} \end{bmatrix} \tag{5.6}$$

$$\begin{bmatrix} v_t \\ v_t^* \end{bmatrix} = B_v \begin{bmatrix} v_{t-1} \\ v_{t-1}^* \end{bmatrix} + \begin{bmatrix} \eta_t^v \\ \eta_t^{v^*} \end{bmatrix} \tag{5.7}$$

厂商需要在获得销售收入之前向银行借入营运资本支付部分工人工资（Chris-tiano 等，1992；Neumeyer 等，2005），厂商的最优化问题是在考虑投资调整成本的条件下，选择要素投入和投资来最大化期望利润：

$$\max E_t \sum_{t=0}^{\infty} M_{it} D_{it} \tag{5.8}$$

其中，M_{it} 为随机贴现因子，D_{it} 为全部经营收入扣除工人工资、企业投资和 $M_{it+1} = \beta \left[\dfrac{E_t V_{it+1}^{1-\gamma}}{V_{it+1}^{1-\gamma}} \right]^{\frac{1}{\theta}-1} \left[\dfrac{u(c_{it+1},\ l_{it+1})}{u(c_{it},\ l_{it})} \right]^{\frac{1-\gamma}{\theta}-1}$ 借入营运资本的利息之后的企业净利润。厂商的利润表达式为：

$$D_{it} = Y_{it} - w_{it} L_{it} - X_{it} - (R_{it}^{\varepsilon} - 1) \chi w_{it} L_{it} \tag{5.9}$$

其中，产品价格单位化为 1，X_{it} 代表企业投资，χ 代表企业需要借入的运营资本占全部工资的比例，R_{it}^e 表示企业融资贷款利率。同样，由于两个国家部门二的厂商均可以从国际商业银行中进行借贷，实现了完全金融一体化，因此对部门二来说，本国厂商和外国厂商面临的借款利率将完全相同，即 $R_{2t}^e = R_{2t}^{e^*}$。

为定性和定量对比引入不确定性冲击前后金融一体化对经济周期跨国传导的影响，基准模型中未引入资本利用率，与第四章的主体部分保持一致（本章的研究结论在考虑了资本利用率的模型中同样成立，第六节详细展示了相应的结果）。资本动态累计方程为：

$$K_{it+1} = (1-\delta) K_{it} + \Phi\left(\frac{X_{it}}{K_{it}} \right) K_{it} \tag{5.10}$$

$$\Phi\left(\frac{X_{it}}{K_{it}} \right) = \frac{\eta_1}{1-\xi} \left(\frac{X_{it}}{K_{it}} \right)^{1-\xi} + \eta_2 \tag{5.11}$$

其中，δ 为资本折旧率，$\Phi(X/K)$ 为投资调整成本函数，并满足 $\Phi > 0$，

$\Phi' > 0$，$\Phi'' < 0$（Baxter 和 Crucini，1995；Jermann，1998）。η_1 和 η_2 的设定使得存在投资调整成本时的稳态与无调整成本时的稳态相一致，即满足 $\Phi(\delta) = \delta$，$\Phi'(\delta) = 1$。

求解厂商最优解得到的一阶条件满足：

$$E_t \left\{ \beta M_{it+1} \left[\alpha e^{z_{it+1}} \left(\frac{K_{it+1}}{L_{it+1}} \right)^{\alpha-1} + \frac{1-\delta+\Phi\left(\frac{X_{it+1}}{K_{it+1}} \right)}{\Phi'\left(\frac{X_{it+1}}{K_{it+1}} \right)} - \frac{X_{it+1}}{K_{it+1}} \right] \right\} = \frac{1}{\Phi'\left(\frac{X_{it}}{K_{it}} \right)} \quad (5.12)$$

$$(1-\alpha) e^{z_t} \left(\frac{K_{it}}{L_{it}} \right)^{\alpha} = \left[1 + \mathcal{X}(R^e_{it} - 1) \right] w_{it} \quad (5.13)$$

三、商业银行部门

商业银行是联系厂商和家庭部门的重要纽带，担负着信用中介的基本职能。两国非金融一体化部门的家庭储蓄分别是 $\frac{b_{1t+1}}{R_{1t}}$ 和 $\frac{b^*_{1t+1}}{R^*_{1t}}$，而金融一体化部门可以在国际银行进行储蓄，两国部门二的家庭总储蓄为 $\frac{b_{2t+1}+b^*_{2t+1}}{R_{2t}}$。商业银行的储蓄存款主要有两种用途：一种是提供无风险的企业贷款，用作厂商的营运资本；另一种用来进行风险性资产投资。R^m_t 和 R^{m*}_t 分别表示两国的风险性资产的收益率，均衡状态下两国的资产收益率均值相同。假设风险性资产的预期回报率足够高，因此，每个商业银行都会投资其银行监管允许的最大份额，$\overline{m}$ 用来表示该份额，并且满足 $0 < \overline{m} < 1$。在部门一，商业银行的贷款和投资活动仅限于该国该部门；而在部门二，国际银行可以向两个国家的厂商提供贷款，并配置多元化的国际投资。笔者参考 Kalemli-Ozcan 等（2013a）的模型设定，商业银行为组织和管理各种业务活动需要担负一定的经营成本 τ。在竞争性银行的假设下，均衡状态时商业银行的利润为零：

$$\overline{m} R^m_t + (1-\overline{m}) R^e_{1t} = R_{1t} + \tau \quad (5.14)$$

$$\overline{m} R^{m*}_t + (1-\overline{m}) R^{e*}_{1t} = R^*_{1t} + \tau \quad (5.15)$$

$$\overline{m} \left(\frac{R^m_t}{2} + \frac{R^{m*}_t}{2} \right) + (1-\overline{m}) R^e_{2t} = R_{2t} + \tau \quad (5.16)$$

假定两国的风险性资产的回报率服从双变量 AR（1）过程，同时借鉴 Fernández-Villaverde 等（2010）和 Fernández-Villaverde 等（2011）对金融冲击波动性的刻画方法，本章将风险性资产的收益率波动引入模型。

$$\begin{bmatrix} R_t^m \\ R_t^{m^*} \end{bmatrix} = \begin{bmatrix} I - A_R \end{bmatrix} \begin{bmatrix} \overline{R}^m \\ \overline{R}^m \end{bmatrix} + A_R \begin{bmatrix} R_{t-1}^m \\ R_{t-1}^{m^*} \end{bmatrix} + \begin{bmatrix} e^{s_t} \varepsilon_t^R \\ e^{s_t^*} \varepsilon_t^{R^*} \end{bmatrix} \tag{5.17}$$

$$\begin{bmatrix} s_t \\ s_t^* \end{bmatrix} = B_s \begin{bmatrix} s_{t-1} \\ s_{t-1}^* \end{bmatrix} + \begin{bmatrix} \eta_t^s \\ \eta_t^{s^*} \end{bmatrix} \tag{5.18}$$

其中，$\overline{R}^m$ 为风险资产的平均回报率；ε_t^R 和 $\varepsilon_t^{R^*}$ 分别代表两国的外生金融冲击；s_t 代表风险性资产回报率的波动，服从 AR（1）过程；η_t^s 和 $\eta_t^{s^*}$ 分别表示两国受到的金融市场波动冲击；ε_t^R、$\varepsilon_t^{R^*}$、η_t^s 和 $\eta_t^{s^*}$ 均服从 IID 分布；A_R 和 B_s 为 2×2 的关系数矩阵。

四、均衡条件

经济系统的均衡状态定义如下：在给定外生冲击 $\{z_t，z_t^*，R_t^m，R_t^{m^*}，v_t，v_t^*，s_t，s_t^*\}$ 和初始条件的情况下，价格序列 $\{R_{it}，R_{it}^*，R_{it}^e，R_{it}^{e^*}，w_{it}，w_{it}^*\}$ 和分配序列 $\{c_{it}，c_{it}^*，l_{it}，l_{it}^*，d_{it}，d_{it}^*，b_{it+1}，b_{it+1}^*，K_{it+1}，K_{it+1}^*，X_{it}，X_{it}^*，L_{it}，L_{it}^*，D_{it}，D_{it}^*\}$ 满足家庭部门实现预期终身效用最大化，厂商实现预期利润最大化，满足各经济主体的预算约束条件，竞争性商业银行利润为零，同时各个市场出清。

劳动力市场出清条件为：

$$L_{1t} = (1-n) l_{1t} \tag{5.19}$$

$$L_{2t} = n l_{2t} \tag{5.20}$$

厂商全部利润所得按股份分配等于单个家庭部门的红利，即利润分配出清：

$$D_{1t} = (1-n) d_{1t} \tag{5.21}$$

$$D_{2t} = n d_{2t} \tag{5.22}$$

资本市场的出清条件为各部门的运营资本等于该部门的贷款。部门一的银行贷款仅限于为该国部门一的生产厂商垫付工人工资，而部门二的营运资本等于国际银行对两国部门二的总贷款。

$$\chi w_{1t} L_{1t} = (1-\overline{m}) \frac{(1-n) b_{1t+1}}{R_{1t}} \tag{5.23}$$

$$\chi w_{1t}^* L_{1t}^* = (1-\overline{m}) \frac{(1-n) b_{1t+1}^*}{R_{1t}^*} \tag{5.24}$$

$$\chi (w_{2t} L_{2t} + w_{2t}^* L_{2t}^*) = (1-\overline{m}) \frac{n(b_{2t+1} + b_{2t+1}^*)}{R_{2t}} \tag{5.25}$$

第三节　参数校准及模型求解方法

一、参数校准

本书借鉴 Kollmann（2016）和 Colacito 等（2018）的相关研究，将消费者的风险厌恶系数取为 10，跨期替代弹性选取 1.5。关于不确定性冲击相关的参数设定，生产率波动冲击参考 Mumtaz 等（2015），自相关系数取 0.99，方差设为 0.065，两国之间的生产率波动相关性为 0（Caldara 等，2012；Fogli 等，2015；Mumtaz 等，2015）。金融波动冲击的相关参数参考 Mencia 等（2013）和 Skintzi 等（2006），将自相关系数设定为 0.98，根据 Ederington 等（2010）研究中计算得到的 VIX 指数[①]的标准差，将方差校准为 0.064，国家之间相关性为 0。为便于比较，其他参数选取和第四章中相同的参数设定。参数校准值汇总见表 5.1。

[①] VIX 指数反映了投资者对市场波动的预期，该指数越高，市场波动越剧烈，因此也被称为"市场恐慌指数"。该指标由芝加哥期权交易所（CBOE）编制，2003 年后新版编制方法中纳入更多不同执行价格的期权，选取标普 500 指数（SPX）期权为标的，具体计算方法参见 https://en.jinzhao.wiki/wiki/VIX。

表 5.1　参数校准

参数	含义	校准值	参数来源/校准目标	
β	跨期贴现因子	0.99	年度资本收益率4%	标准宏观模型设定
α	资本产出份额	0.36	劳动占产出份额0.64	（例如，Fogli 等，2015；
δ	资本折旧率	0.025	年度折旧率10%	Kalemli-Ozcan 等，2013a）
θ	劳动供给弹性的倒数	0.6	Greenwood 等（1988）	
μ	劳动力水平的调节参数	4.561	稳态时的劳动供给1/3	
γ	风险厌恶系数	10	Kollmann（2016）、Colacito 等（2018）	
Ψ	跨期替代弹性	1.5		
ξ	投资调整成本参数	0.067	Baxter 和 Crucini（1995）	
χ	运营资本参数	0.26	运营资本-GDP 占比（Mendoza，2010）	
n	部门二的规模	0.487	美国的金融一体化水平0.15（据 BIS 数据计算得出）	
$\overline{m}$	风险性资产持有比率	0.4	美国风险性投资份额40%（Bekhtiar 等，2019）	
τ	商业银行运营成本	0.04	贷款利率与储蓄利率之差为3%	
$\overline{R}^m$	风险性资产平均回报率	0.06		
ρ^Z	生产率冲击的自回归系数	0.95	Kalemli-Ozcan 等（2013a）	
ρ_e^Z	生产率冲击的相关系数	0.3		
ρ^R	金融冲击的自回归系数	0.95		
ρ_e^R	金融冲击的相关系数	0.3		
σ_e^Z	生产率冲击的方差	0.625%，0.58%	美国季度 GDP 增长率的标准差为1.32%	
σ_e^R	金融冲击的方差	4.0%	金融危机期间美国 GDP 增长率标准差的增量为0.37%	
ρ^v	生产率波动冲击自回归系数	0.99	Mumtaz 等（2015）	
σ_e^v	生产率波动冲击方差	0.065		
ρ^s	金融冲击波动自回归系数	0.98	Mencia 等（2013）、Skintzi 等（2006）	
σ_e^s	金融波动冲击方差	0.064	VIX 指数标准差（Ederington 等，2010）	

二、模型求解方法

由于无法获得 DSGE 模型的精确解，在求解模型时常采用基于扰动项的泰勒近似方法（Perturbation Method）寻求近似解。一阶近似求解是在稳态值附近进行泰勒展开，对模型进行线性化处理，寻求近似解的方法。基于一阶矩展开时的确定性等价（Certainty Equivalence）性质，风险溢价为零。二阶近似会影响风险溢价的水平，但不影响其波动性，所以无法求解不确定性冲击（即外生冲击方差的冲击）的作用。为了探究不确定性冲击下金融一体化的影响，本书采用三阶近似的方法求解 DSGE 模型，其好处在于不仅精度更高，而且还弥补了一阶矩展开时风险溢价为零以及二阶矩无法刻画波动性冲击的缺陷，从而更好地捕捉不确定性冲击的作用（Caldara 等，2012；Fogli 等，2015；Andreasen 等，2016）。

第四节　脉冲响应函数分析

一、生产率波动冲击下的脉冲响应

本书对生产率波动冲击下经济周期的跨国传导路径进行了分析，图 5.1 报告了本国受到一单位标准差的正向生产率波动冲两国主要经济变量的脉冲响应结果，横坐标表示以季度为单位的时期，纵坐标表示各变量偏离均衡值的百分比。为了更全面地分析生产率波动冲击的影响，图 5.2 报告了在相同的生产率波动冲击作用下两国各部门的脉冲响应结果。这些部门包括家庭部门、生产部门和金融部门等。通过对比不同部门的脉冲响应，我们可以更深入地理解冲击如何通过各部门的相互作用和影响，最终传递到整个经济系统。

在消费者风险厌恶的设定下，不确定性情况下预期未来消费的边际效用要大于确定性情况下消费的边际效用。这是因为消费者在面对风险时，倾向于为未来的不确定性做好准备，通过增加储蓄来平滑消费，确保未来生活质量不受影响。这种因风险而增加的储蓄行为被称为"预防性储蓄"。

当国内生产率波动风险增加时，本国居民对未来的收入预期变得不稳定，因此他们倾向于增加储蓄，以便在可能的经济波动中保持稳定的消费水平。这种预防性储蓄的增加可以从图 5.2 中观察到，本国部门一和部门二的消费

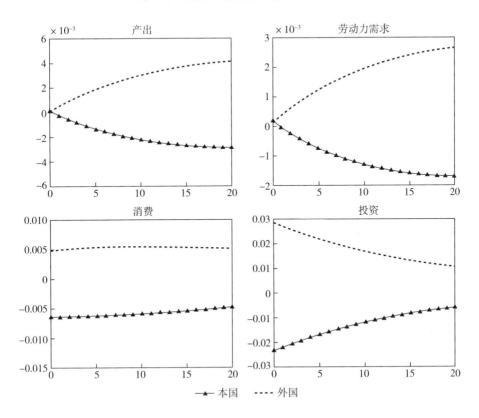

图5.1　生产率波动冲击作用下各经济体的脉冲响应结果

显著降低。这是因为居民将更多的收入转移到储蓄中，以应对未来可能的风险。这种定性冲击向国外部门的传导主要通过利率渠道完成。在国内，由于居民储蓄增加，银行的存款供应也相应增加，这导致存款利率下降。同时，由于银行资金供应增加，企业贷款利率也相应下降。这种利率变动不仅影响国内部门，还通过金融一体化机制影响到国外部门。由于两个国家的金融一体化部门二面临同样的储蓄利率和贷款利率，国外部门的居民和企业也会受到这些利率变动的影响。具体来说，当储蓄利率下降时，国外居民的储蓄意愿降低，消费增加。这是因为较低的储蓄利率降低了储蓄的吸引力，而较低的贷款利率则鼓励企业增加投资，进一步促进经济增长和就业。

　　值得注意的是，虽然国内部门一和部门二都面临着同样的生产率波动冲

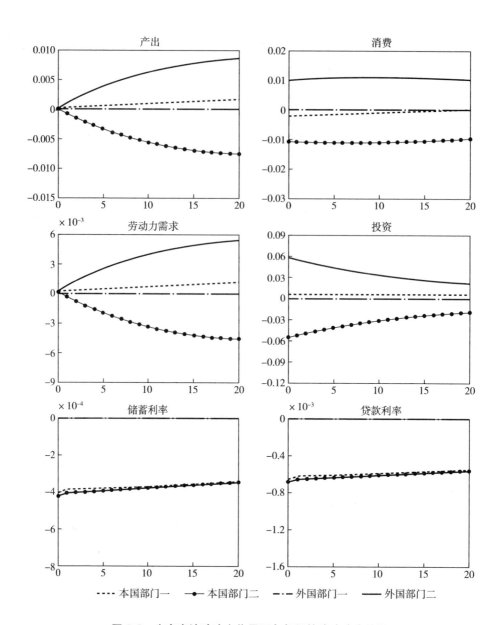

图5.2 生产率波动冲击作用下各部门的脉冲响应结果

击，但两个部门的产出、劳动力和投资却呈现出截然相反的变化趋势。这是
因为金融一体化程度的差异使得不同部门的企业在应对生产率不确定性冲击

时产生了不同的反应。具体来说，部门一的企业只能依赖本国商业银行进行借贷。随着国内储蓄的增加，企业可借贷的资本也相应增多，进而企业运营资本增加。这使得部门一的企业能够雇用更多的劳动力进行生产活动，企业投资也随之增加，最终促使产出上升。然而，部门二的情况则有所不同。由于实现了完全金融一体化，国际银行的贷款会在两个国家的部门二企业之间进行分配。尽管本国部门二直接受到生产率波动冲击的影响，使得产出不确定性增大，但外国部门并未直接面临这一冲击。本国生产率波动冲击引发的贷款利率下降通过利率渠道传导至国外，使得外国部门二的企业能以更低的成本雇用更多的劳动力，进而扩大生产。相比之下，国际银行更倾向于向未受生产率波动冲击的外国部门提供贷款，这导致国内部门二的贷款被挤出，运营资本减少。图 5.2 显示，国内部门二的劳动力需求降低，投资减少，产出下降。尽管本国部门二的劳动力需求在受到生产率波动冲击时略有上升，这主要是受到 Oi-Hartman-Abel[①] 效应的影响，即生产率不确定性增加会导致劳动力需求增加。然而，随着外国部门二不断挤占贷款，本国部门二的企业投资持续下降，劳动力需求也相应降低。

在生产率波动冲击的作用下，两国产出、消费和投资都呈现出相反方向的变动趋势，导致经济周期的协同性显著降低。这一现象背后，金融一体化部门和金融封闭部门的企业在应对不确定性冲击时，展现出了截然不同的反应模式。这充分表明，金融一体化在不确定性冲击的跨国传导过程中起到了关键性作用。

二、金融波动冲击下的脉冲响应

全球金融危机在造成金融资产缩水的同时，也引发了金融市场的剧烈波动。为了深入理解金融波动冲击下金融一体化对经济周期跨国传导的影响，本书将风险资产回报率的波动性纳入国际经济周期模型的分析框架。图 5.3 和图 5.4 分别展示了在受到一单位标准差的正向金融波动冲击后，两

[①]　Oi（1961）、Hartman（1972）、Abel（1983）等提出遵循企业利润最大化一阶条件，劳动力需求是关于全要素生产率的凸函数，根据 Jensen 不等式性质，生产率不确定性增加将导致劳动力需求增加。Oi-Hartman-Abel 效应的前提是企业可以内生决定其生产规模，灵活调整要素投入。

国主要经济变量的动态调整过程以及两国各部门的脉冲响应情况。

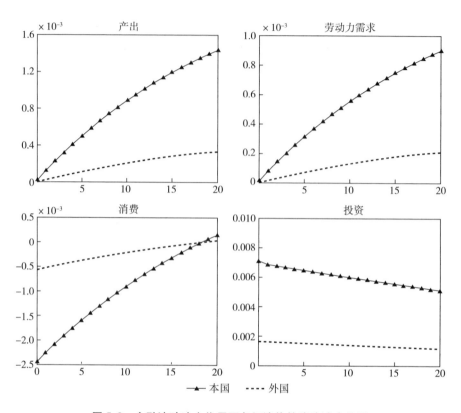

图 5.3　金融波动冲击作用下各经济体的脉冲响应结果

当金融市场面临波动冲击时，风险性资产回报率的波动性显著增强。这导致银行资产损失风险上升，进而增加了无法如约偿还居民储蓄的可能性。这种不确定性也传导至企业层面，扩大了企业的融资风险。在这种背景下，居民为了应对未来可能发生的金融不利冲击，预防性储蓄动机明显增强，因此会减少当期消费。同时，企业为了抵御风险，防止未来可能出现的信贷紧缩造成的融资困境，会倾向于增加投资，积累资本。随着居民储蓄的增加，存款利率相应下降。根据竞争性商业银行利润为零的均衡条件，企业贷款利率也会随之下降。这使得企业能够以更低的成本雇用更多的劳动力，从而增加了劳动力需求。

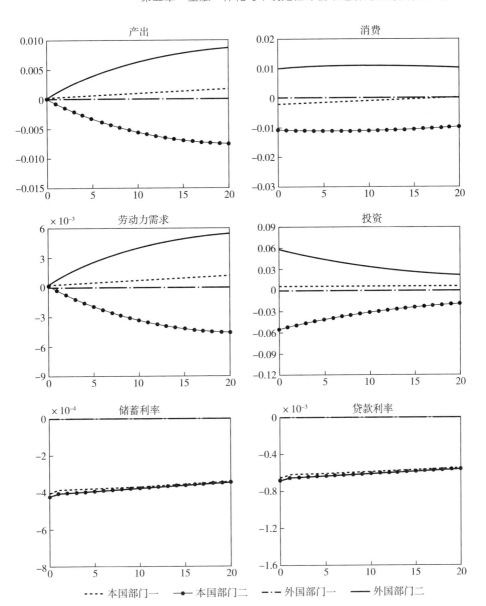

图 5.4　金融波动冲击作用下各部门的脉冲响应结果

尽管这些经济调整主要发生在国内层面，但由于金融一体化的存在，金融波动冲击的影响在不同国家之间产生了经济周期的联动效应。对于那些持有国际银行风险性资产的部门（即两国部门二），为了应对国际金融市场波动，同样会产生预防性储蓄行为。图 5.4 清晰地显示了两个国家部门二的居民消费同步减少，而企业投资则同步增加。而对于金融完全封闭的部门一来说，由于其无法通过国际金融市场进行资金借贷，且居民储蓄只能存放于本国银行，因此，居民和企业在面对不确定性冲击时，其预防性动机将更为显著。这意味着，对于部门一而言，金融波动冲击的作用效果将更为突出。与生产率波动冲击的传导机制不同，金融波动冲击直接作用于持有银行风险性资产的部门。特别是对于金融一体化的部门二来说，两国面临同样的国际金融市场波动，随着两国产出、消费和投资同向变动，金融一体化加剧了经济周期的跨国传导。

三、不确定性冲击下的金融一体化与经济周期传导

（一）生产率波动冲击

在生产率波动冲击的影响下，两国产出、消费和投资呈现出截然相反的变化趋势，这一现象的根源在于两国金融一体化部门的不同反应。当国内生产率发生波动时，这种冲击导致国际银行的贷款在两国部门二企业之间的分配变得不均衡。这种不均等的贷款分配直接引发了企业投资行为的反向变动，即一国部门二企业投资增加的同时，另一国部门二企业投资减少。

进一步推测，随着部门二规模的扩大，即金融一体化程度的提高，这种因生产率波动冲击导致的经济分化现象将变得更加显著。为了验证这一猜想，我们通过对比不同金融一体化程度下两国主要宏观经济变量的变化情况来进行实证分析。通过将部门二的规模 n 提高到 0.8，并与基准模型（$n=0.487$）的结果进行对比（见图 5.5），研究发现，当部门二规模扩大后，两国在面对相同的生产率波动冲击时，其产出、消费和投资的差异变得更加明显。这表明金融一体化程度的提高确实加剧了经济周期跨国传导的不对称性。

（二）金融波动冲击

在金融波动冲击的作用下，两个国家的部门二都置身于相同的国际金融市场波动之中，这使得两国部门二居民和厂商的反应完全一致。进一步分析，部门二的规模大小实际上对两国经济周期的协同性有着显著影响。图 5.6 直

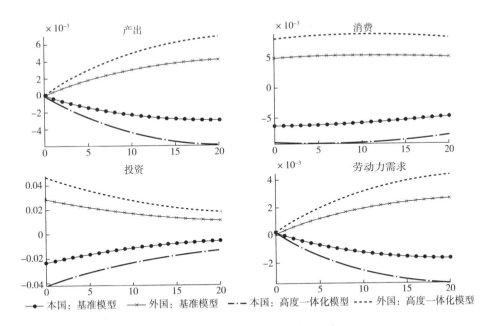

图 5.5 金融一体化程度与生产率波动冲击

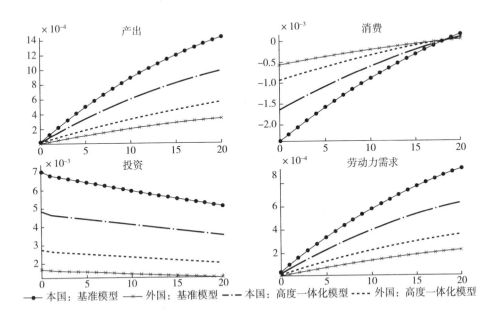

图 5.6 金融一体化程度与金融波动冲击

观地展示了部门二规模与两国经济周期协同性之间的关系。随着部门二规模的增加，两国经济周期的变动幅度逐渐趋近，协同性也随之提高。

（三）不确定性冲击作用下的金融一体化与跨国相关系数

图5.7和图5.8展示了不同金融一体化水平下两国经济变量相关系数的变化趋势。首先，图5.7对比了单独生产率冲击与生产率和生产率波动共同冲击作用的情况。从图中可以明显看出，当加入生产率波动冲击后，两国的产出、消费、投资和劳动力需求的相关性均出现了降低的趋势。

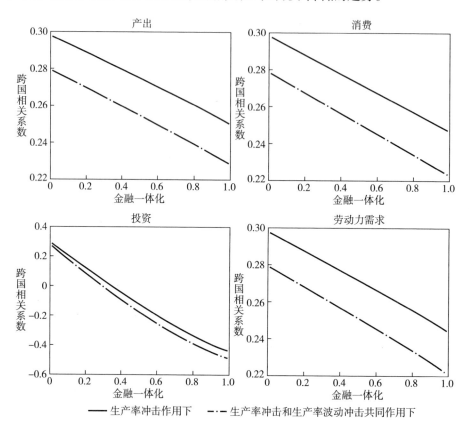

图5.7　生产率波动冲击作用下的金融一体化与跨国相关系数

接下来，图5.8在生产率和金融冲击的基础上额外加入了金融波动冲击，以进一步分析金融一体化对经济波动相关性的影响。结果显示，在金融一体化水平较低时，金融波动冲击的作用并不明显。然而，随着金融一体化的不断深入，金融波动冲击对国家之间经济波动相关性的影响逐渐显现并增强。这一趋势表明，金融一体化不仅加强了国家之间金融市场的联系，也使得金融波动冲击能够更有效地跨国传导，进而提高了国家之间的经济波动相关性。

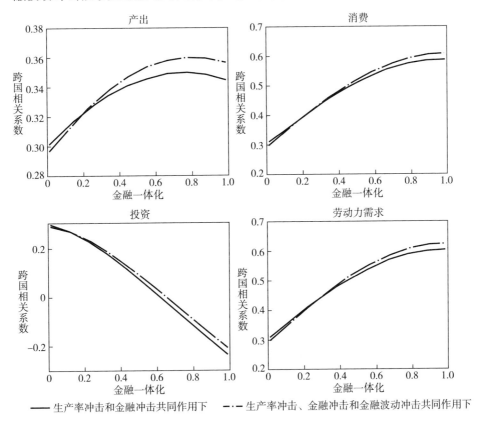

图5.8　金融波动冲击作用下的金融一体化与跨国相关系数

第五节　关于不确定性冲击的定量分析

一、模型数值模拟

本节采用与第四章第五节相同的方法利用模型数值模拟结果进行回归分

析，用生产率冲击和生产率波动冲击共同作用的模型来模拟非全球金融危机期间的经济体，同时加入生产率冲击、金融冲击和二者的波动冲击来模拟全球金融危机期间各经济变量的变动情况。

引入不确定性冲击前后的回归结果对比列示在表5.2中。结果发现，不确定性冲击的引入并不改变原有结论，但金融一体化以及交互项的系数绝对值变大，这表明无论是在非全球金融危机期间还是全球金融危机期间，金融一体化对经济周期协同性的作用效果都变得更强。在生产率波动冲击的作用下，金融一体化会进一步降低经济周期的协同性；而在金融波动冲击的作用下，金融一体化会促进经济周期的跨国传导，因此，未考虑不确定性冲击时金融一体化作用被低估了。

表 5.2 引入不确定性冲击前后的回归结果对比

	引入不确定性冲击			无不确定性冲击		
	$Synch^Y$	$Synch^C$	$Synch^I$	$Synch^Y$	$Synch^C$	$Synch^I$
	（1）	（2）	（3）	（4）	（5）	（6）
Integration	−0.0075 ***	−0.0363 ***	−0.6860 ***	−0.0071 ***	−0.0115 ***	−0.6215 **
	（0.0008）	（0.0022）	（0.0423）	（0.0004）	（0.0004）	（0.0173）
Integration×Crisis	0.0269 ***	0.0980 ***	0.1596 ***	0.0250 ***	0.0804 ***	0.1246 ***
	（0.0046）	（0.0128）	（0.0149）	（0.0040）	（0.0047）	（0.0130）
国家组合固定效应	控制	控制	控制	控制	控制	控制
时间固定效应	控制	控制	控制	控制	控制	控制
各国时间趋势	控制	控制	控制	控制	控制	控制
观测值	39600	39600	39600	39600	39600	39600
调整后 R^2	0.168	0.156	0.212	0.080	0.094	0.138

注：此表报告了引入不确定性冲击前后，模型数值模拟后回归得到的金融一体化与经济周期协同性之间的回归结果，常数项结果略去。前3列为加入不确定性冲击之后的结果，后3列是未加入不确定性冲击的结果。回归中各连续解释变量均经过对数化处理，回归时控制了国家组合固定效应、时间固定效应和各国时间趋势。括号中报告了国家组合层面的聚类稳健标准误，*、** 和 *** 分别代表在10%、5%和1%水平下显著。

值得注意的是，现有研究如 Gete 等（2018）在小国开放经济模型中对比了生产率波动风险和利率波动风险的作用，认为二者并没有明显区别。但本书通过在开放经济的两国模型框架中引入不同类型的不确定性冲击，得出了不同的结论。这表明，不同类型的冲击在跨国传导机制上可能存在显著差异，因此，在研究经济周期跨国传导问题时，需要充分考虑不同冲击的影响及其传导机制。

二、经济周期统计量

表5.3对比了加入不确定性冲击前后经济周期的相关统计量。与 Kollmann（2016）和 Silva-Yanez（2020）的研究结论相一致，不确定性冲击的引入提高了产出、消费和投资的波动性。对比第（2）列和第（4）列的结果可以发现，生产率波动冲击会降低国家之间消费、产出、投资和劳动力的相关系数，同时会提高投资和净出口的波动性；相比第（3）列、第（5）列引入金融波动冲击则会显著提高了各个宏观变量的跨国相关系数。第（3）列和第（6）列对比发现，不确定性冲击的引入使得各相关系数统计量更加接近实际数据水平，进一步提高了模型对经济周期相关统计量的刻画能力。

表5.3　经济周期的相关统计量

	实际数据	生产率冲击	生产率冲击、金融冲击	生产率冲击、生产率波动冲击	全部冲击
	（1）	（2）	（3）	（4）	（5）
百分数标准差					
产出	1.32	1.32	1.32	1.47	1.47
标准差/产出标准差					
消费	0.62	0.64	0.86	0.64	0.88
投资	2.85	2.19	2.27	2.22	2.31
劳动力	0.66	0.62	0.82	0.62	0.84
净出口	0.40	0.29	0.41	0.32	0.44
与产出的相关系数					
消费	0.78	0.99	0.90	0.99	0.91

续表

	实际数据	生产率冲击	生产率冲击、金融冲击	生产率冲击、生产率波动冲击	全部冲击
	（1）	（2）	（3）	（4）	（5）
与产出的相关系数					
投资	0.94	0.94	0.91	0.93	0.90
劳动力	0.84	1.00	0.91	1.00	0.92
净出口	-0.44	-0.25	-0.12	-0.26	-0.14
跨国相关系数					
消费	0.49	0.25	0.51	0.22	0.48
产出	0.20	0.29	0.35	0.27	0.33
投资	0.35	-0.08	0.09	-0.13	0.05
劳动力	0.38	0.28	0.52	0.26	0.50

注：第（1）列实际数据的统计结果来自 Heathcote 和 Perri（2013）。第（2）～（5）列分别汇报了经济体在各种冲击作用下的统计结果。具体方法为：将模型模拟200期，去掉前20期，共重复200次并取平均值，计算各项统计量。除净出口外，所有变量都经过对数处理，并采用 HP 滤波方法从原序列中得到剔除长期趋势后的波动项，滤波参数取为1600。净出口统计量表示为净出口相对于总产出的占比。

第六节　敏感性分析

预防性储蓄动机在不确定性冲击的跨国传导中扮演着关键角色。为了深入探究这一机制，本节通过调整冲击的自相关系数、风险厌恶系数以及跨期替代弹性等参数，对预防性储蓄动机的影响进行了检验。

一、冲击的自相关系数

首先，降低生产率波动冲击的自相关系数，将其设为0.9（Caldara 等，

2012)。图 5.9 显示了在此参数设定下，主要宏观经济变量对国内生产率波动冲击的反应，并加入基准模型得到的脉冲响应结果进行对比。研究发现，持续性较低的生产率波动冲击的作用效果更小，这是由于冲击的自相关系数降低有利于经济尽快恢复平稳，从而削弱了居民在应对不确定性冲击时的预防性储蓄动机。因此，相较基准模型，预防性储蓄增加引致的储蓄利率下降程度变小，外国居民消费上升的程度降低。由于企业贷款利率降低的幅度变小，外国部门因此而获得的收益也相应减少，劳动力需求和投资增长幅度降低。反过来，国内金融一体化部门被挤占的企业贷款减少，国内投资、劳动力需求和产出水平的下降幅度放缓。随着冲击持续性的降低，各个经济变量收敛到稳态的速度也加快。

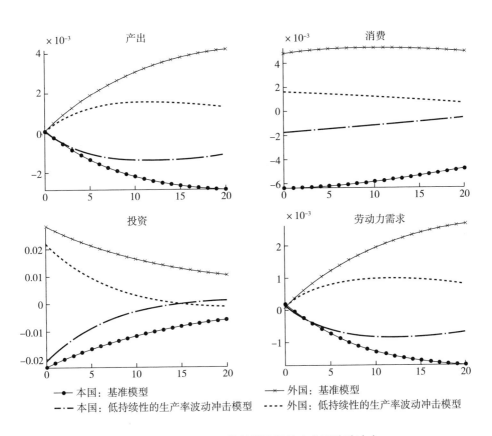

图 5.9　敏感性分析：持续性降低的生产率波动冲击

　　类似地，本书将金融波动冲击的自相关系数设定为 0.95（基准模型中为 0.98）。图 5.10 结果显示，相比于基准模型的脉冲响应结果，持续低的金融波动冲击会缓和居民的预防性储蓄动机。因此，在经济体受到负向金融波动冲击时，居民消费的下降幅度减少；同时伴随着冲击持续性的下降，企业为应对不确定性冲击而增加投资抵御风险的预防性动机也会降低。无论是国内还是国外，各主要宏观经济变量的变动幅度均减小，上述检验结果证实了预防性储蓄动机在不确定性冲击跨国传导中发挥的重要作用。相应的数值模拟结果列示在表 5.4 和表 5.5 中，回归结果显示本书的研究结论对于持续性降低的生产率波动冲击与金融波动冲击自相关系数均保持稳健。

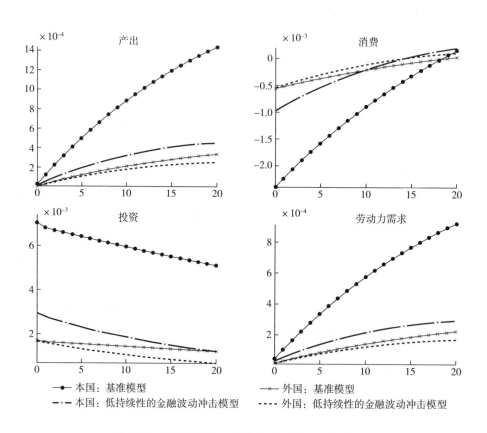

图 5.10　敏感性分析：持续性降低的金融波动冲击

表 5.4　敏感性分析：生产率波动冲击的自相关系数

$\rho^v = 0.95$	$Synch^Y$ (1)	$Synch^C$ (2)	$Synch^I$ (3)
Integration	−0.0080***	−0.0335***	−0.6353***
	(0.0007)	(0.0015)	(0.0248)
Integration×Crisis	0.0285***	0.0977***	0.1541***
	(0.0054)	(0.0130)	(0.0146)
国家组合固定效应	控制	控制	控制
时间固定效应	控制	控制	控制
各国时间趋势	控制	控制	控制
观测值	39600	39600	39600
调整后 R²	0.119	0.110	0.169

注：此表报告了降低生产率波动冲击自相关系数后得到的回归结果，各连续解释变量均经过对数化处理，回归时控制了国家组合固定效应、时间固定效应和各国时间趋势。括号中报告了国家组合层面聚类稳健标准误，*、**和***分别代表在10%、5%和1%水平下显著。

表 5.5　敏感性分析：金融波动冲击的自相关系数

$\rho^s = 0.95$	$Synch^Y$ (1)	$Synch^C$ (2)	$Synch^I$ (3)
Integration	−0.0075***	−0.0363***	−0.6860***
	(0.0008)	(0.0022)	(0.0423)
Integration×Crisis	0.0255***	0.0946***	0.1571***
	(0.0038)	(0.0090)	(0.0117)
国家组合固定效应	控制	控制	控制
时间固定效应	控制	控制	控制
各国时间趋势	控制	控制	控制
观测值	39600	39600	39600
调整后 R²	0.168	0.156	0.212

注：此表报告了降低金融波动冲击自相关系数后得到的回归结果，各连续解释变量均经过对数化处理，回归时控制了国家组合固定效应、时间固定效应和各国时间趋势。括号中报告了国家组合层面聚类稳健标准误，*、**和***分别代表在10%、5%和1%水平下显著。

二、风险厌恶系数

风险厌恶系数是理解和分析消费者行为以及经济周期跨国传导机制的关

键参数。它衡量了消费者在面对不确定性时所要求的风险补偿程度，直接反映了消费者的风险规避特征。当风险厌恶系数较高时，意味着消费者更加厌恶风险，因此会要求更高的风险溢价来补偿潜在的损失。相反，风险厌恶系数较低时，消费者对于风险的容忍度较高，所需的风险补偿也会相应减少。

在本节中，为了深入探究预防性储蓄动机在不确定性冲击下的经济周期跨国传导中的作用，参考了 Neumeyer 等（2005）和 Devereux 等（2020）的研究，将风险厌恶系数从基准模型中的 10 降低至 4。通过这一参数的调整，我们可以观察到风险厌恶程度降低对家庭消费和预防性储蓄动机的影响。

图 5.11 和图 5.12 中的脉冲响应结果显示，无论是生产率波动冲击还是金融波动冲击，一旦风险厌恶系数减小，冲击的作用效果都会比基准模型降

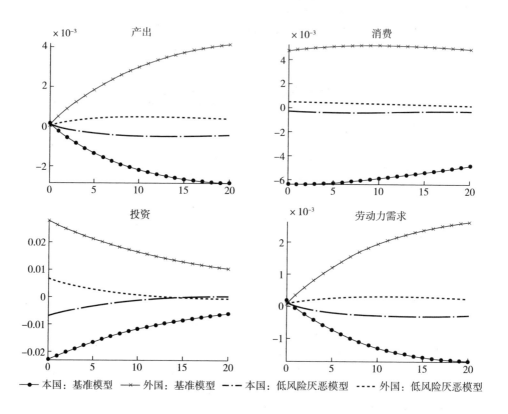

图 5.11　敏感性分析：生产率波动冲击与风险厌恶系数

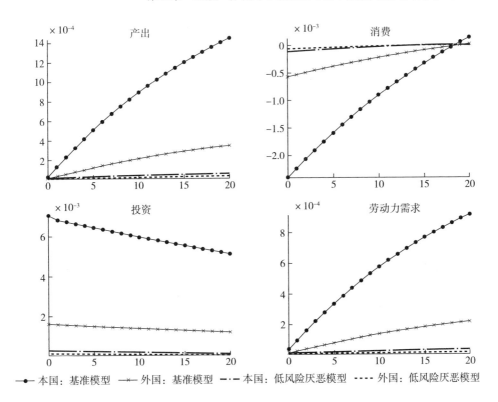

图 5.12　敏感性分析：金融波动冲击与风险厌恶系数

低很多。特别是对于金融冲击来说，风险厌恶程度的降低会显著削弱金融冲击对经济周期传导的影响。图 5.12 显示，当 $\gamma = 4$ 时，各宏观变量只有微弱的变化。这一检验也证实了预防性储蓄动机在不确定性冲击跨国传导中发挥的关键作用。其背后的原因在于，当风险厌恶系数降低时，消费者在面对不确定性冲击时所需的风险补偿减少，这有助于缓解不确定性对家庭消费的抑制作用。由于消费者不再像之前那样过度担忧潜在的风险，他们更可能增加消费支出，从而减少了预防性储蓄的需求。这一变化不仅影响国内消费和投资，还会通过经济周期的跨国传导机制影响到其他国家。

　　表 5.6 中的估计结果展示了在降低风险厌恶系数后，通过模型数值模拟进行回归分析所得到的关键发现。这些估计结果进一步验证了前文关于预防性储蓄动机在不确定性冲击下经济周期跨国传导机制的分析。

表 5.6　敏感性分析：风险厌恶系数

$\gamma = 4$	$Synch^Y$ (1)	$Synch^C$ (2)	$Synch^I$ (3)
Integration	-0.0102^{***}	-0.0382^{***}	-0.6873^{***}
	(0.0009)	(0.0023)	(0.0425)
Integration×Crisis	0.0264^{***}	0.0970^{***}	0.1625^{***}
	(0.0045)	(0.0127)	(0.0151)
国家组合固定效应	控制	控制	控制
时间固定效应	控制	控制	控制
各国时间趋势	控制	控制	控制
观测值	39600	39600	39600
调整后 R^2	0.168	0.157	0.211

注：此表报告了降低风险厌恶系数后，用模型数值模拟结果进行回归分析得到的估计结果，表中各连续解释变量均经过对数化处理，回归时控制国家组合固定效应、时间固定效应和各国时间趋势。括号中报告了国家组合层面聚类稳健标准误，*、** 和 *** 分别代表在 10%、5% 和 1% 水平下显著。

三、跨期替代弹性

跨期替代弹性（Elasticity of Intertemporal Substitution，EIS）作为衡量消费者跨期风险规避属性的重要指标，其大小直接反映了消费者对于平滑消费的偏好程度。在本小节中，通过对跨期替代弹性进行调整，进一步探讨了其对居民消费决策和经济周期跨国传导机制的影响。具体而言，参考 Bansal 等（2004）、Ai（2010）和 Backus 等（2016）等的测算和设定，跨期替代弹性降低至 0.5（基准模型中为 1.5），消费者的跨期消费意愿也随之降低。这意味着在面对不确定性冲击时，消费者更不愿意推迟消费，而是更倾向于立即进行消费。因此，在面临负向的不确定性冲击（如生产率波动或金融波动）时，国内居民消费的下降幅度会相对较小。

在生产率波动冲击的作用下，外国生产部门因贷款利率降低而获得的收益变少，图 5.13 可以观察到生产率波动冲击的作用随着跨期替代弹性的减小而减弱，从而证实了这一传导机制。

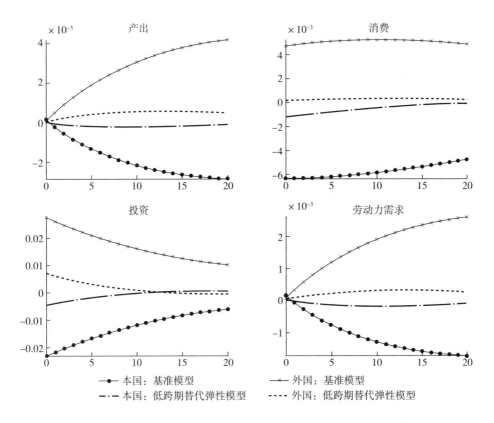

图 5.13　敏感性分析：生产率波动冲击与跨期替代弹性

　　在金融冲击的作用下，金融市场波动同时影响着两国持有国际银行风险性资产的金融一体化部门，导致这两个部门的反应完全同步。当跨期替代弹性减小时，两国消费的下降幅度也会相应变低。这意味着消费者在面临金融冲击时，由于不愿意推迟消费，其消费减少的程度会较小。相应地，储蓄上升的幅度也会减小，导致存贷款利率的降低幅度减少。这进一步影响了企业的投资、劳动力投入和产出的增加幅度，使其变小。因此，图 5.14 显示在更低的跨期替代弹性设定下，金融波动冲击的作用明显减弱。

　　表 5.7 详细报告了降低跨期替代弹性后，通过模型数值模拟进行回归分析得到的估计结果。结果显示，即使在跨期替代弹性参数变化的情况下，研究结论依然稳健。

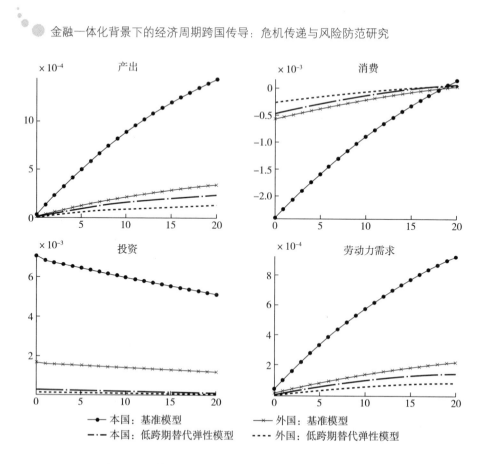

图 5.14　敏感性分析：金融波动冲击与跨期替代弹性

表 5.7　敏感性分析：跨期替代弹性

$\Psi=0.5$	$Synch^Y$ (1)	$Synch^C$ (2)	$Synch^I$ (3)
Integration	-0.0026***	-0.0092***	-0.6921***
	(0.0007)	(0.0006)	(0.0432)
Integration×Crisis	0.0274***	0.0952***	0.1784***
	(0.0047)	(0.0128)	(0.0159)
国家组合固定效应	控制	控制	控制
时间固定效应	控制	控制	控制
各国时间趋势	控制	控制	控制

$\Psi = 0.5$	$Synch^Y$	$Synch^C$	$Synch^I$
	（1）	（2）	（3）
观测值	39600	39600	39600
调整后 R^2	0.167	0.155	0.210

注：此表报告了降低跨期替代弹性参数后，用模型数值模拟结果进行回归分析得到的估计结果，表中各连续解释变量均经过对数化处理，回归时控制国家组合固定效应、时间固定效应和各国时间趋势。括号中报告了国家组合层面聚类稳健标准误，＊、＊＊和＊＊＊分别代表在10％、5％和1％水平下显著。

此外，表5.8汇报了上述敏感性分析对应的各种参数设定下，两国之间消费、产出、投资和劳动力的跨国相关系数。结果表明，生产率波动冲击会降低国家之间的相关系数；而金融波动冲击的引入则会显著提高各个宏观变量的跨国相关系数。不确定性冲击的引入使各相关系数统计量更加接近实际数据水平，进一步提高了模型对经济周期相关统计量的刻画能力。

表 5.8 敏感性分析：跨国相关系数的对比

	实际数据	生产率冲击	生产率、金融冲击	生产率、生产率波动冲击	生产率、金融、金融波动冲击	全部冲击
	（1）	（2）	（3）	（4）	（5）	（6）
生产率波动冲击自相关系数 $\rho^v = 0.95$						
消费	0.49	0.25	0.51	0.24	0.52	0.51
产出	0.20	0.29	0.35	0.28	0.36	0.35
投资	0.35	-0.08	0.09	-0.08	0.11	0.10
劳动力	0.38	0.28	0.52	0.27	0.53	0.52
金融波动冲击自相关系数 $\rho^s = 0.95$						
消费	0.49	0.25	0.51	0.22	0.51	0.47
产出	0.20	0.29	0.35	0.27	0.35	0.33
投资	0.35	-0.08	0.09	-0.13	0.10	0.04
劳动力	0.38	0.28	0.52	0.26	0.52	0.49

续表

	实际数据	生产率冲击	生产率、金融冲击	生产率、生产率波动冲击	生产率、金融波动冲击	全部冲击
	（1）	（2）	（3）	（4）	（5）	（6）
风险厌恶系数 $\gamma = 4$						
消费	0.49	0.25	0.51	0.22	0.52	0.48
产出	0.20	0.28	0.35	0.26	0.35	0.33
投资	0.35	−0.08	0.09	−0.13	0.11	0.05
劳动力	0.38	0.27	0.52	0.25	0.53	0.49
跨期替代弹性 $\Psi = 0.5$						
消费	0.49	0.29	0.51	0.27	0.52	0.49
产出	0.20	0.29	0.35	0.27	0.36	0.34
投资	0.35	−0.10	0.09	−0.16	0.11	0.05
劳动力	0.38	0.28	0.52	0.27	0.53	0.50

四、引入资本利用率

为定性和定量对比引入不确定性冲击前后金融一体化对经济周期跨国传导的影响，本章基准模型中未引入资本利用率，以便与第四章的主体部分保持一致。为了更全面地评估这一关系，本节进一步考虑了资本利用率的影响。表5.9和表5.10详细展示了引入资本利用率之后的模型数值模拟定量分析结果和主要经济周期统计量。结果表明，本章的研究结论在考虑了资本利用率的模型中同样成立。

表 5.9   引入资本利用率后的模型数值模拟定量分析

	$Synch^Y$	$Synch^C$	$Synch^I$
	（1）	（2）	（3）
Integration	−0.0586***	−0.0502***	−0.2507***
	（0.0036）	（0.0028）	（0.0161）
Integration×Crisis	0.0879***	0.1742***	0.2996***
	（0.0121）	（0.0204）	（0.0306）

续表

	$Synch^Y$	$Synch^C$	$Synch^I$
	（1）	（2）	（3）
国家组合固定效应	控制	控制	控制
时间固定效应	控制	控制	控制
各国时间趋势	控制	控制	控制
观测值	39600	39600	39600
调整后 R^2	0.161	0.160	0.162

注：此表报告了引入资本利用率后，用模型数值模拟结果进行回归分析得到的估计结果，常数项结果略去。各连续解释变量均经过对数化处理，回归时控制了国家组合固定效应、时间固定效应和各国时间趋势。括号中报告了国家组合层面聚类稳健标准误，＊、＊＊和＊＊＊分别代表在10%、5%和1%水平下显著。

表 5.10　引入资本利用率后的经济周期统计量

	实际数据	生产率冲击	生产率、金融冲击	生产率、生产率波动冲击	生产率、金融、金融波动冲击	全部冲击
	（1）	（2）	（3）	（4）	（5）	（6）
百分数标准差						
产出	1.32	1.32	1.32	1.47	1.36	1.48
标准差/产出标准差						
消费	0.62	0.64	0.90	0.64	0.92	0.91
投资	2.85	1.84	2.01	1.84	2.03	2.03
劳动力需求	0.66	0.62	0.86	0.62	0.88	0.87
净出口	0.40	0.24	0.45	0.27	0.48	0.52
与产出的相关系数						
消费	0.78	1.00	0.92	1.00	0.93	0.93
投资	0.94	0.95	0.90	0.95	0.90	0.90
劳动力需求	0.84	1.00	0.93	1.00	0.93	0.94
净出口	−0.44	0.35	0.21	0.35	0.21	0.19
跨国相关系数						
消费	0.49	0.23	0.54	0.20	0.55	0.51
产出	0.20	0.22	0.35	0.19	0.36	0.32

续表

	实际数据	生产率冲击	生产率、金融冲击	生产率、生产率波动冲击	生产率、金融、金融波动冲击	全部冲击
	(1)	(2)	(3)	(4)	(5)	(6)
跨国相关系数						
投资	0.35	0.20	0.40	0.17	0.42	0.38
劳动力需求	0.38	0.21	0.53	0.19	0.54	0.50

注：第（1）列实际数据的统计结果来自 Heathcote 和 Perri（2013）。第（2）～（6）列分别汇报了经济体在各种冲击作用下的统计结果。具体方法为：将模型模拟 200 期，剔除前 20 期，共重复 200 次并取平均值，计算各项统计量。除净出口外，所有变量都经过对数处理，并采用 HP 滤波方法从原序列中得到剔除长期趋势后的波动项，滤波参数取为 1600。净出口统计量表示为净出口相对于总产出的占比。

本章小结

本章通过构建包含递归效用的动态随机一般均衡模型，深入探究了金融一体化在不确定性冲击下对经济周期协同性的影响，以及生产率波动冲击和金融波动冲击下经济周期的跨国传导机制。研究结果显示，金融一体化对于不同类型的冲击具有不同的传导效应：在生产率波动冲击下，金融一体化降低了经济周期的协同性；而在金融波动冲击下，金融一体化则促进了经济周期的跨国传导。这一发现与 Gete 等（2018）在小国开放经济模型中的研究结论存在显著差异，本章的研究进一步丰富和拓展了我们对经济周期跨国传导机制的理解。通过敏感性分析，本章还验证了预防性储蓄动机在经济周期跨国传导中的关键作用。

在理论贡献方面，本章的研究在一定程度上填补了国际经济周期模型在不确定性冲击跨国传递过程中金融一体化影响的理论空白，同时也拓展了递归效用在国际宏观领域中的应用范围。通过对比研究生产率波动冲击和金融市场波动冲击的影响，本章为预防和应对各类外部冲击、降低不确定性风险提供了重要的理论参考。

第六章

金融一体化的福利分析

第一节　引　言

自 20 世纪 70 年代以来，全球一体化蓬勃发展，传统观念普遍认为金融一体化有助于各国分散风险。然而，2008 年的美国次贷危机席卷全球，对这一观念提出了严峻挑战。美国次贷危机不仅给本国的银行系统带来了巨大损失，更使得持有美国次贷的众多发达国家的银行系统遭受重创。此次全球金融危机的巨大冲击使各国开始重新审视金融一体化，因此在 2008 年全球金融危机之后的十年间，原本逐年提升的全球金融一体化程度出现了停滞甚至下降的趋势。根据世界银行和国际清算银行的统计数据，图 6.1 清晰地展示了全球银行跨境投资总额及占比在 2008 年全球金融危机前达到顶峰，随后迅速回落，呈现出倒 "U" 形的变化趋势。这场危机无疑成为全球经济一体化的一个重要转折点，随后 "逆全球化" 的趋势开始显现，反映了世界各国对金融一体化可能带来的负面影响的担忧。

针对学术界关于金融一体化利弊的广泛讨论，本章节旨在探讨以下问题：高度的金融一体化究竟是有益还是有害？它是加速了全球金融危机的传播，降低了社会总福利，还是帮助各国分散风险，提升了整体福利水平？为此，

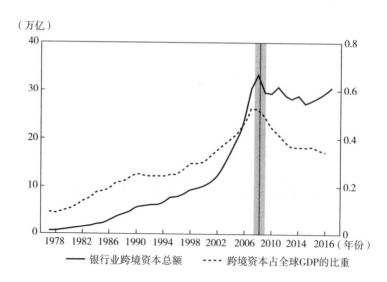

（万亿）

图6.1　全球银行跨境投资总额及占比变化趋势

资料来源：BIS locational banking statistics，World Bank。

本章将依托第四章和第五章中动态随机一般均衡模型的理论框架，定量研究金融一体化对社会整体福利的影响，并全面分析不同类型的外部冲击所带来的影响。结果显示，在非金融危机时期，金融一体化有助于减少生产率冲击对宏观经济波动的影响，通过分散消费风险进而提升社会福利；然而，在全球金融危机期间，金融一体化却加剧了危机的传导，导致了福利损失。同时，对于不确定性冲击的考察表明，金融一体化能够有效缓解居民在不确定性冲击下的预防性储蓄动机，平抑消费波动，从而显著提升社会福利水平。

学术界对金融一体化与福利效应之间关系的认知经历了一个逐步转换的过程。早期的研究普遍对金融一体化持正面评价，认为它在平滑消费和分散风险方面发挥了重要作用。资本市场在风险分担中扮演着关键角色，国家间资产互持和多样化的资产组合有助于分散国别风险和非系统性风险。同时，国际信贷市场提供了更多的流动性支持，而政府间或国际组织的财政转移支付制度也对减少居民消费波动起到了积极作用。因此，金融一体化被认为能够有效减少特定国家风险对一国居民消费的冲击，进而提升社会总体福利（Obstfeld，1993；Van Wincoop，1994，1999；Asdrubali 等，1996；Sørensen 等，1998；Mélitz 等，1999；Kalemli - Ozcan 等，2001；Kose 等，2003；Asdrubali

等，2004；Rangvid 等，2016）。

然而，随着时间的推移和研究的深入，学术界对金融一体化的看法开始发生转变。一些研究认为金融一体化对风险分担的效果却并不明显（Bai 等，2012），特别是在金融一体化程度较低的发展中国家，其分散风险的效果更是大打折扣（Kim 等，2006；Shin 等，2006；Sørensen 等，2007；Kim 等，2008；Calvi 等，2010；Yu 等，2010；Park 等，2011）。Bai 等（2012）的研究指出，在存在金融摩擦和主权债务违约风险的情况下，单纯地取消资本管制或放松金融市场监管，并不能有效改善国际风险分担的状况。这表明，金融一体化的实际效果可能受到多种因素的制约，包括金融市场的不完善、制度环境的差异以及国际经济关系的复杂性等。Kim 等（2006）针对东亚国家的研究发现，这些国家之间的消费分担水平远低于发达经济体的水平，近80%的冲击未能得到有效分担，信贷市场有效但作用有限。类似地，Kim 等（2008）的研究也指出，东亚国家金融市场之间的整合程度远低于欧洲金融市场，因此，消费风险分担更多地依赖于全球金融市场而非区域金融市场。其他研究，如 Calvi 等（2010）、Park 等（2011）和 Yu 等（2010），也得出了类似的结论。这些研究普遍认为，东亚国家的金融一体化进程相对缓慢，且滞后于实体经济的一体化进程。这可能是由于该地区的金融市场发展尚不成熟，金融制度不够完善，以及国际经济关系中的某些障碍所导致的。

随着全球金融危机的爆发，众多学者开始反思金融一体化的弊端，金融一体化的成本可以归纳如下：①资本流动具有聚集效应和顺周期性。历史经验表明，跨境资本流动只集中于少数拉丁美洲和亚洲的中等收入国家，那些经济发展水平低的国家即便开放资本账户仍会面临融资困境（Fernandez-Arias 等，1996；Bhattacharya 等，1997；Basu 等，2002）。同时，资本流动具有强烈的顺周期属性，大量资本在经济繁荣时涌入，造成资本过热；经济衰退时资本回撤，不仅会加剧挤兑风险（Chang 等，2000），还会使那些资本过度依赖的企业因外资撤出而陷入流动性危机。②资金错配会带来扭曲效应。资本过热引发股市和房市泡沫，将挤出实体经济投资，引发众多高杠杆和寻租行为，阻碍经济长期增长（Agénor，2003）。③对宏观经济带来潜在负面影响。外资流入会增大国内通货膨胀的压力，大量国际资本流动还会影响外汇资金的供求平衡，加大了汇率风险。④金融一体化是引起经济波动的重要渠道（Stiglitz，2000；Agénor，2003；Pancaro，2010；Cavoli 等，2020）。Pancaro（2010）认为资本自由化不仅没有帮助新兴经济体平滑消费，反而造成了消费波动性上升。Cavoli 等（2020）对 1995~2013 年 100 多个新兴市场和发展中国家组成的大型面板数据进行估计，发现金融开放水平和产出稳定之间存在一种权衡关系，尤其是对于那些低收入国家来说，信贷过度增长会造成信用风险增加，进一步加剧产出波动。

基于上述研究背景，本章将对金融一体化的福利进行全面评估。具体而言，基于金融一体化与经济周期跨国传导的动态随机一般均衡模型的理论框架，定量研究不同类型的外部冲击作用下金融一体化程度对社会整体福利的影响。该研究有助于客观审视金融一体化的利弊，为探索金融一体化进程，完善宏观审慎监管体系提供了理论依据。

第二节　模型求解方法

由于动态随机一般均衡模型（DSGE）模型的复杂性，通常难以获得其精确解，因此在求解过程中常采用基于扰动项的泰勒近似方法，也称为扰动法或摄动法。这种方法在天体力学中有其应用起源，用于分析小天体对大天体运动的影响，随后被广泛应用于物理学和力学的理论研究。在经济学领域，特别是 DSGE 模型的求解中，扰动法因其求解速度快、近似解结构直观、经济含义易于理解等优点而备受青睐（Schmitt-Grohé 等，2004；Schmitt-Grohé 等，2009；Kollmann，2005；Kollmann，2015b）。

扰动法的基本思路是，首先通过引入微小扰动参数，将原始的非线性方程转化为扰动问题。在忽略这些扰动对系统整体影响的前提下，先求得系统稳定状态的基础解。随后，围绕这一稳定状态，运用隐函数定理构造有限项的泰勒级数展开。将这些展开式代入原方程组，并通过对比扰动项的系数，可以依次求出各高阶解。最终，将这些解组合起来，便得到了原方程组的近似解。通常情况下，泰勒展开的阶数越多，所得近似解的精度就越高。

在本书的模型中，由于不存在偶然受限约束（Occasionally-Binding Constraint），高阶近似的精度应更加接近全局解。此外，当模型中的状态变量较多时，高阶近似方法更具优势，因为它能够更好地处理这些变量之间的复杂关系。因此，本书选择采用高阶近似方法来求解 DSGE 模型。这种方法不仅弥补了一阶近似展开时风险溢价为零的缺陷，也克服了二阶近似中风险溢价水平值为常数、无法考察其时变性的不足。高阶近似的优势在于，它不仅能够提高求解的精度，还能够更好地捕捉波动性冲击的影响。这使我们能够更准确地定量分析在不同类型的外部冲击作用下，金融一体化带来的福利变化（Caldara 等，2012；Fogli 等，2015；Andreasen 等，2016）。

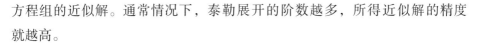

第三节 生产率冲击和金融冲击下的福利分析

现有文献对金融一体化展开福利分析的研究思路为：分别计算经济体在完全金融封闭（Financial Autarky）和金融开放（Financial Integration）情况下的社会福利，比较两种情况下希克斯等价变化（Hicksian Equivalent Variation），即消费变动的百分比，用来代表福利收益的变动（Van Wincoop，1994，1998；Gourinchas 等，2006；Devereux 等，2020；Coeurdacier 等，2020）。根据上述研究思路，本节将在第四章的基准模型基础上对金融一体化的福利展开定量研究，根据数值模拟结果分别计算金融封闭和金融开放情况下的居民福利和有效消费的确定性等价，从而分析金融一体化对居民福利的影响。

参考 Devereux 等（2020）的方法，将部门 i 的福利定义为终身效用的条件期望：

$$Welfare_i \equiv E_0\left\{\sum_{t=1}^{\infty}\beta^t U(c_{it}, l_{it})\right\}, \quad i=1, 2 \qquad (6.1)$$

将经济体中各部门的福利水平加总，可得到社会总福利：

$$Welfare = (1-n) Welfare_1 + n Welfare_2 \qquad (6.2)$$

接下来，用式（6.3）定义了有效消费的确定性等价，并比较金融完全封闭（Financial Autarky）和金融完全一体化（Financial Integration）两种极端情况下的大小，从而反映金融一体化引起的福利变化。

$$Welfare = \frac{\tilde{c}^{1-\gamma}-1}{1-\gamma} \frac{1}{1-\beta} \qquad (6.3)$$

表 6.1 汇报了福利分析结果，在只有生产率冲击的模型中，从金融封闭到完全一体化，模型计算得到的期望终身效用从 -276.489 上升到 -276.438，$\tilde{c}$ 上升了 0.0185%，金融一体化提升了整体的社会福利水平。然而，如果模型中同时存在生产率冲击和金融冲击，金融一体化会导致有效消费的确定性等价 $\tilde{c}$ 下降 0.008%。也就是说，在金融冲击发挥作用时，金融一体化将引起福利损失。其背后的逻辑在于，在生产率冲击的作用下，金融一体化能够有效降低消费风险，使资本配置更加合理，从而增加了社会总体福利。但同时金融一体化也导致了资金回撤风险的隐患，甚至会扩大金融危机的传染风险，损害了居民消费，因此在金融冲击的作用下社会总福利会降低。

表 6.1　生产率和金融冲击下金融一体化的福利分析结果

	金融封闭		金融一体化		$\tilde{c}$ 变化率（%）
	终身效用的条件期望	有效消费的确定性等价 $\tilde{c}$	终身效用的条件期望	有效消费的确定性等价 $\tilde{c}$	
	(1)	(2)	(3)	(4)	(5)
生产率冲击	-276.489	0.36167	-276.438	0.36175	0.0185
生产率和金融冲击	-276.280	0.36195	-276.302	0.36192	-0.0080

金融一体化的福利变化相对有限，这与 Coeurdacier 等（2020）的研究结论一致。Coeurdacier 等（2020）认为，金融一体化的收益主要包括从资本的有效再配置中获得的收益和从风险分担中获得的收益，但二者在一定程度上是相互替代的，这使得任何国家都不太可能从金融一体化中获得巨大收益。

具体而言，高风险国家通过金融一体化可以从平滑消费中获益，因为资本流动可以帮助它们更好地管理经济波动。然而，出于风险控制的考虑，这些国家可能会减少信贷以降低风险，这在一定程度上抵消了从消费平滑中获得的收益。相反，资本稀缺的国家虽然可以通过吸引外部资本来促进经济发展，但这也可能引发经济波动，从而减少了它们从风险分担中获得的潜在收益。特别值得注意的是，新兴国家作为金融一体化进程中的重要参与者，虽然它们可能从资本的有效再分配中获得较大收益，但也伴随着成本的增加。因为在转型过程中，新兴国家往往需要承担更多风险来积累资本。此外，当两国风险完全对称时，金融一体化的福利收益可能会更小，因为相似的国家之间缺乏强烈的资本重新配置和分散风险的动力。因此，在考虑金融一体化的福利效应时，需要综合考虑各种因素，包括资本流动、风险分担、经济波动以及国家间的差异等。同时，政策制定者需要谨慎权衡金融一体化可能带来的收益和风险，以确保在推进金融一体化的过程中能够最大化福利效应并最小化潜在风险。

第四节　不确定性冲击下的福利分析

本节采用同样的方法，对不确定性冲击下金融一体化的作用进行了类似分析。表6.2列示了在生产率波动冲击和金融波动冲击作用下，经济体从金融封闭转变成金融一体化时的福利水平变化。

在生产率波动冲击或金融波动冲击作用下，金融一体化带来约0.2%的福利提升。在生产率波动冲击下，金融一体化通过国际金融市场为居民和企业提供了储蓄和借贷的机会，从而有效缓解了预防性储蓄动机。这种缓解机制有助于降低消费波动，减少经济波动带来的负面效应，进而提升社会整体福利水平。具体来说，金融一体化使经济体能够更有效地应对生产率不确定性带来的风险，通过资本流动和风险分担机制，减少风险对居民消费和整体经济的影响。同样，在金融波动冲击下，金融一体化的作用也不容忽视。金融市场的波动往往会对实体经济产生冲击，而金融一体化能够通过国际金融市场分散风险，降低单一国家金融市场波动对整体经济的影响。通过这种方式，金融一体化有助于稳定经济，提升社会福利。

表 6.2　不确定性冲击下金融一体化的福利分析

	金融封闭		金融一体化		$\tilde{c}$ 变化率（%）
	终身效用的条件期望	有效消费的确定性等价 $\tilde{c}$	终身效用的条件期望	有效消费的确定性等价 $\tilde{c}$	
	（1）	（2）	（3）	（4）	（5）
生产率波动冲击	1.6763	0.01676	1.6796	0.01680	0.1990
金融波动冲击	1.6784	0.01678	1.6817	0.01682	0.1986

同时，通过与表 6.1 的结果进行对比可以发现，在使用递归效用计算福利收益，并提高风险厌恶程度从而产生更高的风险溢价时，金融一体化的福利效应有了显著提升。并且，风险厌恶程度越高，金融一体化的作用效果越显著，经济体从国际风险分担中获得的收益也越高，这与第五章的研究结论相互呼应，Coeurdacier 等（2020）的研究也证实了这一点。表 6.1 和表 6.2 的对比也可以证实金融一体化的福利效应与参数选择、效用形式等模型设定密切相关（Van Wincoop，1998；Coeurdacier 等，2020）。

本章小结

本章基于第四章和第五章的理论框架，通过定量分析和数值模拟，深入探讨了金融封闭与金融开放条件下，不同类型外部冲击对居民福利的影响。研究结果表明，金融一体化在不同冲击类型下展现出不同的作用效果，既有利也有弊。

在生产率冲击方面，金融一体化显示出积极作用。通过促进资本的有效配置和风险分担，金融一体化有助于减少冲击对宏观经济的影响，稳定国内经济，进而提升社会总福利。这一结果体现了金融一体化在优化资源配置、提高经济效率方面的优势。

然而，当面临金融冲击时，金融一体化的负面影响开始显现。金融市场的波动性和传染性在金融一体化背景下可能加剧，导致危机更容易在不同国家之间蔓延。这种蔓延效应对居民消费产生负面影响，进而造成福利损失。这一发现提示我们，在推进金融一体化的过程中，需要加强对金融市场的监管和风险防控，以减轻潜在的金融冲击带来的负面影响。

此外，本章还关注了不确定性冲击下金融一体化的作用。研究结果表明，金融一体化可以有效缓解不确定性冲击造成的负面影响。通过国际金融市场进行储蓄和借贷，居民和企业能够降低预防性储蓄动机，减少消费波动，从而提升社会福利水平。这一发现强调了金融一体化在应对不确定性、稳定经济方面的积极作用。

本章立足金融一体化发展进程中的焦点问题，通过动态随机一般均衡模型的理论框架对不同外部冲击下金融一体化的作用进行了客观评判，从冲击类型的角度对金融一体化的利弊进行了讨论。在理论研究方面，该研究有助于客观审视和评判金融一体化的利弊；同时在政策含义方面，为探索金融一体化进程，抵御外部风险，营造稳定有序的世界经济环境提供了一定的政策参考。

第七章

总结与政策建议

第一节　研究总结

随着全球化的逐步深入，国家间金融市场的紧密联系为经济周期的跨国传导提供了重要渠道。本书系统性分析了金融一体化与经济周期跨国传导之间的关系，并引入动态随机一般均衡模型深入剖析经济周期的传导路径，不仅考察了生产率冲击、金融冲击、生产率波动冲击和金融市场波动冲击等不同类型冲击的作用，还同时研究了金融一体化对产出、消费、投资等主要宏观变量协同性的影响，从而全面考量经济周期的跨国传递规律。最后，基于学术界对于金融一体化利弊的广泛争论，本书基于动态随机一般均衡模型的理论框架定量研究了金融一体化对社会整体福利的影响，并对不同类型外部冲击的影响进行了全面分析。

首先，在第三章实证研究部分，本书利用1978~2018年国际清算银行公布的31个涵盖发达国家及发展中国家的数据，采用固定效应面板模型对经济周期协同性与金融一体化之间的关系进行实证分析。结果表明，2008年全球金融危机期间金融一体化与经济周期协同性之间的关系与其他时期存在显著差异。全球金融危机期间，两国金融一体化程度越高，产出周期越同步，类似的关系也存在于消费协同性和投资协同性之间；而在非金融危机期间，较高的金融一体化则会降低国家之间的经济周期协同性。

其次，本书在第四章中构建了一个基于开放经济的两国两部门 DSGE 模型框架，并引入国际银行来刻画不同冲击类型下金融一体化影响经济周期跨国传导的理论机制。模型分析结果表明，金融一体化对经济周期的传导主要取决于外部冲击的类型：如果经济的周期性波动由金融冲击引发，较高的金融一体化程度会加强经济周期在国家之间的传导；如果经济周期由生产率冲击引发，较高的金融一体化会减弱经济周期在国家之间的传导。模型定量分析结果与实证结果高度吻合，证实了金融一体化在 2008 年全球金融危机传导中的重要作用。在模型的改进与拓展部分，通过引入资本利用率显著提高了模型对投资周期协同性的刻画能力，使模型更加贴近现实。

再次，本书在第五章中进一步对生产率和金融冲击的波动性进行探讨，通过构建一个包含递归效用的国际经济周期模型研究国家之间的金融一体化在不确定性冲击跨国传导过程中的重要作用。笔者同时考察了生产率波动冲击和金融波动冲击，对比分析了两种不确定性冲击下经济周期的跨国传导机制，为预防和应对各类外部冲击提供了理论参考。研究结果表明，在生产率波动冲击的作用下，金融一体化会降低经济周期的协同性；而在金融波动冲击的作用下，金融一体化会促进经济周期的跨国传导。模型数值模拟结果显示，忽略不确定性冲击将会低估金融一体化对国家之间经济周期协同性的影响。此外，通过敏感性分析验证了预防性储蓄动机在经济周期跨国传导中发挥的作用。

最后，第六章基于动态随机一般均衡模型框架定量研究了在不同外部冲击作用下金融一体化对社会整体福利的影响。一方面，在生产率冲击的作用下，金融一体化有助于分散消费风险从而提升整体的社会福利水平；而在金融冲击的作用下，高度的金融一体化会加剧危机的蔓延，进而引起福利损失。另一方面，金融一体化使得居民和企业可以通过国际金融市场进行储蓄和资金借贷，这减弱了预防性储蓄动机，有助于缓解不确定性冲击引起的消费波动，从而提高了福利水平。

第二节　政策建议

本书围绕金融一体化对经济周期跨国传导的影响展开系统性分析，对于探究金融一体化浪潮下国家之间经济周期协同性的发展变化，深入了解经济波动在国家之间的传导机制具有重要意义。同时，也为完善宏观审慎监管，增强宏观调控能力，防范和化解国际金融风险，进一步参与国际宏观经济政策协调机制提供了理论依据。基于本书研究结论，本节提出了稳步扩大金融领域制度型开放、健全风险防控体系、强化流动性管理、加强国际政策协调与合作等政策建议。

一、稳步扩大金融领域制度型开放

尽管全球金融危机过后金融一体化进程受阻，一度发展缓慢，但这并不代表"逆全球化"是帮助经济实现复苏的唯一出路。首先，McCauley 等（2019）发现 2008 年全球金融危机以来跨境银行业务缩减，国际贷款的收缩仅限于欧洲银行大型海外业务的周期性去杠杆化，而不是全世界范围内的金融去全球化。其次，Devereux 等（2020）通过研究全球金融危机期间金融一体化与一国产出下降幅度的关系，发现金融一体化虽然会增加全球金融危机发生的概率，但在全球金融危机期间，一国的金融一体化程度越高，该国的产出下降越小。金融一体化提高了经济体抵御风险的能力，是防止危机深化和扩散的重要手段。黄智淋（2017）也认同金融一体化可以疏导局部范围内的经济危机，进而提高全球经济的效率和福利的观点。马丹等（2019）从区域和个体角度分析了经济危机传递路径，认为一国或地区的经济波动更多受到自身影响而非金融一体化的作用，发达国家之间经济金融活动的高联动性反而使其抗风险能力优于其他经济体。逆全球化举措对危机过后的经济恢复会产生负面影响，经济联系的加强反而为后危机时代的全球治理提供了新的范式。

在非金融危机期间，较高的金融一体化水平有助于分散风险，提高经济体抵御外部风险的能力，从而减弱经济周期在国家之间的传导。同时，金融一体化还有助于平抑不确定性冲击带来的消费波动，提升社会整体福利水平。因此，国家间建立合理的经济金融联系，营造稳定有序的世界经济环境，是防止危机局部深化和大面积扩散的重要途径，也有利于促进经济稳步复苏。

深入洞察金融一体化背景下国家间经济周期协同性的演变趋势，对于指导我国稳步推进金融市场开放、有效防范潜在金融风险具有重大意义。2023 年中央金融工作会议明确，"要着力推进金融高水平开放，确保国家金融和经济安全。坚持'引进来'和'走出去'并重，稳步扩大金融领域制度型开放，提升跨境投融资便利化，吸引更多外资金融机构和长期资本来华展业兴业"。这为下一阶段金融业对外开放指明了方向。

金融业对外开放，不仅要"跑得快"，更要"走得稳"，在加强和改善流动性管理的同时，引导融资规模平稳适度增长，把握好开放的节奏与力度，促使我国在危机应对中发挥中流砥柱作用，成为促进世界经济增长的引擎力量。同时，应稳妥有序推进金融市场全面制度型开放，稳步扩大金融领域规则、规制、管理、标准等制度型开放范围，着力打造市场化、法治化、国际化一流营商环境，为外资金融机构在华发展创造优质条件。例如，进一步完善准入前国民待遇加负面清单的管理制度，优化外资金融机构进入中国市场后的政策安排，探索实施对外资机构的差异化监管，鼓励和支持在华外资机构更加全面、深入地参与中国金融市场，引导外资金融机构集聚发展，更好地服务于实体经济等。

二、健全风险防控体系

2008 年美国次贷危机引发的全球金融危机引起了学术界和政界对全球金融监管的深刻反思。金融机构的个体稳健并不等同于金融系统的整体稳健，传统的微观审慎监管已无法满足新的金融监管要求，因而提出了完善宏观审慎管理体系、强化金融监管的管理目标，目前已在国际范围内达成共识。2017 年，党的十九大提出"健全货币政策和宏观审慎政策双支柱调控框架"，提出了健全金融监管体系，坚决守住不发生系统性金融风险底线的要求，明確了宏观审慎管理和健全风险防控体系在宏观调控体系中的重要地位。2022年，党的二十大强调"加强和完善现代金融监管，强化金融稳定保障体系，依法将各类金融活动全部纳入监管，守住不发生系统性风险底线"。这对于把握风险性资产投资的限度、加强开放进程中的风险识别、明确风险防范目标都提出了更高的要求。

（一）合理把握对外风险性资产投资的限度

在全球金融危机期间，金融一体化是加速国家之间危机传递的重要渠道，这警示我们金融一体化进程的开展要有序进行、稳步推进，尤其是对外风险性资产的投资应把握合理限度。建议从国情出发，统筹规划，分层次分阶段地逐步实现资本项目开放，不宜实行激进式的金融自由化改革。

（二）及时精准识别系统性金融风险至关重要

2017年以来，中美贸易摩擦、美联储货币政策变化等因素叠加，使我国跨境资本流动形势变得较为复杂。与此同时，随着互联网金融服务和产品的迅速兴起，金融工具从表内移至表外，"大资管时代"的来临，国内金融行业的传统业态正悄然变化。在复杂的国际形势和国内金融发展变革下，风险的多样性和外溢性也埋下了新的系统性风险隐患。因此，应合理运用多种风险评估工具进行监管判断和风险预测，准确识别系统性金融风险的具体来源，对金融风险发生的可能性、发展态势和外溢效果进行合理预判，及时消除风险隐患，实现"精准拆弹"。

（三）推动海外金融资产投资监管机制的建立健全

健全风险防控体系，加强对系统性金融风险的防范。具体而言，不仅要防范金融体的顺周期变化导致的风险自我强化，还要防范风险跨市场、跨机构、跨部门和跨境传导引起的不断扩大蔓延。与此同时，要加快推进宏观审慎体系建设和决策机制的完善，使宏观政策能够及时应对国内外金融环境的变化。

三、强化流动性管理

在盘活货币存量，解决"钱荒"问题的基础上，还应格外关注流动性管理，防止出现资金错配造成金融低效的现象。接下来，分别从规范银行业务

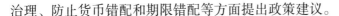

治理、防止货币错配和期限错配等方面提出政策建议。

（一）规范商业银行同业业务治理

加强对于资金流向的金融监管，严厉打击"资金空转"，引导金融服务实体经济，督促引导资金"脱虚向实"。同时严防银行保险机构违规参与场外配资进行违规套利，严厉打击乱加杠杆、投机炒作、权力寻租等违法违规行为，防范资产价格泡沫。提高资金配置效率，确保金融资本真正流向实体经济中最需要、最高效的部门，从而促进国民经济又好又快发展。

（二）加强市场行为监管，高度关注货币错配风险

货币错配是指一国主体资产与债务的币种结构不匹配引发汇率波动风险的现象。以拉脱维亚为例，国内金融体系几乎全部以外币形式运转，货币严重错配。2008年波罗的海三小国（拉脱维亚、立陶宛和爱沙尼亚）的金融"海啸"就暴露了货币错配的严重危害：货币错配不仅放大了金融脆弱性，外资银行撤资引发了国内货币市场流动性干涸，加剧了跨境资本流动风险，还限制了货币政策的调控空间，深化了金融危机。应对货币错配需要中国人民银行、国家金融监督管理总局、外汇局等相关部门协同合作，建立数据共享机制，及时交换共享流动性比例、流动性缺口率、累计外汇敞口头寸比例等相关监测指标，使各部门对汇率风险作出迅速反应。同时，完善汇率机制，从而更好地防范货币错配风险。

（三）警惕银行同业业务期限错配加剧流动性风险

大量短期负债被用作长期资产的来源，容易引发流动性风险。对于那些短期外债占比高的国家，流动性不足会导致银行清偿能力降低，这会引发市场短期抛售风险，从而使金融危机不断深化发展为货币危机。警惕期限结构错配风险，要求银行增强主动负债管理能力，增加长期稳定资金来源，同时优化利率期限结构，加强备付金管理保障支付措施等。

四、加强国际政策协调与合作

随着全球范围内对国际资本流动限制的逐步放宽，金融创新持续深化，以及国际贸易的紧密合作，各国经济金融活动已形成了相互渗透、相互影响的一体化格局。本书深入探讨了经济周期波动的国际协同性，凸显了加强国

家间政策协调与合作的重要性。

在支持流动性和融资稳定方面，国际银行发挥着不可或缺的作用。它们通过提供融资支持，有效缓解企业融资难题，进而削弱外部金融冲击对经济体的负面影响。尤其是在全球金融危机之后，各国都面临着经济结构转型的艰巨任务。在当前经济普遍下行、外部需求增长乏力、不确定性加大的背景下，提振市场信心、稳定企业预期显得尤为重要。为此，国际组织如世界银行、国际货币基金组织等应充分发挥其借贷能力，向有需求的国家提供必要的支持。特别是对于那些低收入国家和新兴市场国家，通过扩大贷款规模、减免债务、提高特别提款权等措施，帮助它们尽快恢复经济活力，走出发展困境。

然而，在缺乏政策国际协调合作的情况下，各国的结构转型应对政策往往以本国利益为出发点，由于各国经济发展水平、政策目标存在显著差异，这些政策可能通过国际贸易、资本跨国流动等渠道产生外溢效应，相互干扰，甚至导致政策效果出现严重偏差。因此，考虑到国家间经济周期的协同变动以及大国政策的外溢效应，加强国家之间贸易政策、投资政策的统筹规划显得尤为重要。特别是货币政策与汇率政策、资本管制等工具的协调配合，避免出现竞争性贬值、资本管制宽严不一等短视行为，因为这些行为往往会抵消或恶化政策效果，不利于全球经济的稳定与发展。

总之，面对日益复杂的全球经济环境，各国应加强政策沟通与协调，共同应对挑战，推动全球经济实现稳健、可持续的发展。

第三节　研究不足与展望

本书的研究虽然在分析经济周期跨国传导机制及金融一体化所起作用方面取得了一定成果，但仍存在一些不足之处，需要在后续研究中加以完善。

首先，理论模型部分对金融一体化水平的处理相对简化，将其外生给定，并通过设定两个部门的占比来模拟不同程度的金融一体化。虽然这种设定在解释经济周期跨国传导机制方面具有一定的解释力，但未能充分考虑金融体系的复杂性和动态性。为了更准确地刻画金融一体化的实际影响，未来的研究可以借鉴其他文献的做法（Khan 等，2013；Perri 等，2018；Devereux 等，2020），通过引入融资约束等因素将金融冲击内生化，以更全面地反映金融市场的运作机制。

其次，在关于生产率和金融冲击水平以及冲击不确定性的研究中，本书的目的是厘清经济周期跨国传导机制，并分析金融一体化在其中发挥的作用，但并未关注各种冲击的相对大小以及冲击之间的相互关联和贡献。因此，利用现实数据对各种冲击的参数进行贝叶斯估计，并利用方差分解考察影响经济周期协同性的主要冲击源是一个可以补充拓展的方向。

参考文献

［1］ Abel A B, 1983. Optimal investment under uncertainty ［J］. American Economic Review, 73 （1）: 228-233.

［2］ Abiad A, Furceri D, Kalemli-Ozcan S, et al. , 2013. Dancing together? spillovers, common shocks, and the role of financial and trade linkages ［J］. World Economic Outlook, （10）: 81-111.

［3］ Agénor P R, 2003. Benefits and costs of international financial integration: Theory and facts ［J］. World Economy, 26 （8）: 1089-1118.

［4］ Ai H, 2010. Information quality and long-run risk: Asset pricing implications ［J］. The Journal of Finance, 65 （4）: 1333-1367.

［5］ Alessandri P, Mumtaz H, 2019. Financial regimes and uncertainty shocks ［J］. Journal of Monetary Economics, 101: 31-46.

［6］ Andreasen M M, Fernández-Villaverde J, Rubio-Ramírez J, et al. , 2016. The pruned state-space system for non-linear DSGE models: Theory and empirical applications ［J］. The Review of Economic Studies, 85 （1）: 1-49.

［7］ Antonakakis N, 2012. Exchange return co-movements and volatility spillovers before and after the introduction of euro ［J］. Journal of International Financial Markets, Institutions and Money, 22 （5）: 1091-1109.

［8］ Arellano C, Bai Y, Kehoe P J, 2019. Financial frictions and fluctuations in volatility ［J］. Journal of Political Economy, 127 （5）: 2049-2103.

［9］ Asdrubali P, Kim S, 2004. Dynamic risksharing in the United States and Europe〔J〕. Journal of Monetary Economics, 51（4）: 809-836.

〔10〕Asdrubali P, Sørensen B E, Yosha O, 1996. Channels of interstate risk sharing: United States 1963-1990〔J〕. The Quarterly Journal of Economics, 111（4）: 1081-1110.

〔11〕Atkeson A, Kehoe P J, 2005. Modeling and measuring organization capital〔J〕. Journal of Political Economy, 113（5）: 1026-1053.

〔12〕Backus D, Coleman C, Ferriere A, et al., 2016. Pareto weights as wedges in two-country models〔J〕. Journal of Economic Dynamics and Control, 72: 98-110.

〔13〕Backus D K, Kehoe P J, Kydland F E, 1992. International real business cycles〔J〕. Journal of Political Economy, 100（4）: 745-775.

〔14〕Bai Y, Zhang J, 2012. Financial integration and international risk sharing〔J〕. Journal of International Economics, 86（1）: 17-32.

〔15〕Baldi G, Bodmer A, 2017. Intangible investments and international business cycles〔J〕. International Economics and Economic Policy, 14（2）: 211-219.

〔16〕Bansal R, Yaron A, 2004. Risks for the long run: A potential resolution of asset pricing puzzles〔J〕. The Journal of Finance, 59（4）: 1481-1509.

〔17〕Basu A, Srinivasan K, 2002. Foreign direct investment in Africa-Some case studies〔R〕. IMF Working Papers.

〔18〕Basu S, Kimball M S, 1997. Cyclical productivity with unobserved input variation〔M〕. National Bureau of Economic Research Cambridge, Mass a chu setts, USA.

〔19〕Baxter M, Crucini M, 1995. Business cycles and the asset structure of foreign trade〔J〕. International Economic Review, 36（4）: 821-854.

〔20〕Baxter M, Farr D D, 2005. Variable capital utilization and international business cycles〔J〕. Journal of International Economics, 65（2）: 335-347.

〔21〕Baxter M, Kouparitsas M A, 2005. Determinants of business cycle co-movement: A robust analysis〔J〕. Journal of Monetary Economics, 52（1）:

113-157.

［22］ Beine M, Cosma A, Vermeulen R, 2010. The dark side of global integration: Increasing tail dependence ［J］. Journal of Banking and Finance, 34 (1): 184-192.

［23］ Bekaert G, Harvey C R, Lundblad C, 2006. Growth volatility and financial liberalization ［J］. Journal of International Money and Finance, 25 (3): 370-403.

［24］ Bekhtiar K, Fessler P, Lindner P, 2019. Risky assets in Europe and the US: Risk vulnerability, risk aversion and economic environment ［R］. Working Paper Series from European Central Bank, No. 2270.

［25］ Benigno G, Benigno P, NisticòS, 2012. Risk, monetary policy, and the exchange rate ［J］. NBER Macroeconomics Annual, 26 (1): 247-309.

［26］ Bergin P R, 2018. International macroeconomic comovement: The role of globalization in goods and asset markets ［M］//International Macroeconomic Interdependence. Singapore: World Scientific: 1-28.

［27］ Bernanke B, 2004. The great moderation ［C］. Washington, DC: The Meetings of the Eastern Economic Association.

［28］ Bertrand M, Duflo E, Mullainathan S, 2004. How much should we trust differences-in-differences estimates? ［J］. The Quarterly Journal of Economics, 119 (1): 249-275.

［29］ Bhattacharya A, Montiel P, Sharma S, 1997. Private capital flows to sub-saharan Africa: An overview of trends and determinants ［J］. External Finance for Low-Income Countries: 207-232.

［30］ Caldara D, Fernandez-Villaverde J, Rubio-Ramirez J F, et al., 2012. Computing DSGE models with recursive preferences and stochastic volatility ［J］. Review of Economic Dynamics, 15 (2): 188-206.

［31］ Caldara D, Fuentes-Albero C, Gilchrist S, et al., 2016. The macroeconomic impact of financial and uncertainty shocks ［J］. European Economic Review, 88: 185-207.

［32］ Calderon C, Chong A, Stein E, 2007. Trade intensity and business cycle synchronization: Are developing countries any different? ［J］. Journal of international Economics, 71 (1): 2-21.

［33］ Calvi R, et al. , 2010. Assessing financial integration: A comparison between Europe and East Asia ［R］. Directorate General Economic and Financial Affairs (DGECFIN), European.

［34］ Carrière-Swallow Y, Céspedes L F, 2013. The impact of uncertainty shocks in emerging economies ［J］. Journal of International Economics, 90 (2): 316-325.

［35］ Carstensen K, Salzmann L, 2017. The G7 business cycle in a globalized world ［J］. Journal of International Money and Finance, 73: 134-161.

［36］ Cashin D, Unayama T, 2016. Measuring intertemporal substitution in consumption: Evidence from a vat increase in Japan ［J］. Review of Economics and Statistics, 98 (2): 285-297.

［37］ Cavoli T, Gopalan S, Rajan R S, 2020. Does financial inclusion amplify output volatility in emerging and developing economies? ［J］. Open Economies Review, 31 (4): 901-930.

［38］ Cesa-Bianchi A, Imbs J, Saleheen J, 2019. Finance and synchronization ［J］. Journal of International Economics, 116: 74-87.

［39］ Chang R, Velasco A, 2000. Financial fragility and the exchange rate regime ［J］. Journal of Economic Theory, 92 (1): 1-34.

［40］ Chi J, Li K, Young M, 2006. Financial integration in East Asian equity markets ［J］. Pacific Economic Review, 11 (4): 513-526.

［41］ Ching S, Devereux M B, 2000. Risk sharing and the theory of optimal currency areas: A re-examination of mundell 1973 ［J/OL］. SSRN Electronic Journal, DOI: 10.2139/ssrn.1009489.

［42］ Choi S, Furceri D, 2019. Uncertainty and cross-border banking flows ［J］. Journal of International Money and Finance, 93: 260-274.

［43］ Christiano L J, Eichenbaum M, 1992. Current real-business-cycle theories and aggregate labor-market fluctuations [J]. The American Economic Review: 430-450.

[44] Christiano L J, Motto R, Rostagno M, 2014. Risk shocks [J]. American Economic Review, 104 (1): 27-65.

[45] Christiano L J, Trabandt M, Walentin K, 2010. DSGE models for monetary policy analysis [M] //Handbook of Monetary Economics. Elsevier, 3: 285-367.

[46] Clark T E, 2009. Is the great moderation over? An empirical analysis [J]. Economic Review, 2009: 4-5.

[47] Coeurdacier N, Rey H, Winant P, 2020. Financial integration and growth in a risky world [J]. Journal of Monetary Economics, 112: 1-21.

[48] Colacito R, Croce M M, 2011. Risks for the long run and the real exchange rate [J]. Journal of Political Economy, 119 (1): 153-181.

[49] Colacito R, Croce M M, 2013. International asset pricing with recursive preferences [J]. The Journal of Finance, 68 (6): 2651-2686.

[50] Colacito R, Croce M M, Liu Y, et al., 2018. Volatility risk pass-through [R]. National Bureau of Economic Research.

[51] Colacito R, Croce M M, Liu Z, 2019. Recursive allocations and wealth distribution with multiple goods: Existence, survivorship, and dynamics [J]. Quantitative Economics, 10 (1): 311-351.

[52] Cole H L, Obstfeld M, 1991. Commodity trade and international risk sharing: How much do financial markets matter? [J]. Journal of Monetary Economics, 28 (1): 3-24.

[53] Corsetti G, Dedola L, Leduc S, 2008. International risk sharing and the transmission of productivity shocks [J]. The Review of Economic Studies, 75 (2): 443-473.

[54] Crucini M J, 1999. On international and national dimensions of risk sharing [J]. Review of Economics and Statistics, 81 (1): 73-84.

[55] Darvas Z, Szapáry G, 2008. Business cycle synchronization in the en-

larged EU [J]. Open Economies Review, 19 (1): 1-19.

[56] Davis J S, 2014. Financial integration and international business cycle co-movement [J]. Journal of Monetary Economics, 64: 99-111.

[57] Devereux M B, Sutherland A, 2011. Country portfolios in open economy macro-models [J]. Journal of the European Economic Association, 9 (2): 337-369.

[58] Devereux M B, Yetman J, 2010. Leverage constraints and the international transmission of shocks [J]. Journal of Money, Credit and Banking, 42: 71-105.

[59] Devereux M B, Yu C, 2020. International financial integration and crisis contagion [J]. The Review of Economic Studies, 87 (3): 1174-1212.

[60] Di Giovanni J, Levchenko A A, 2010. Putting the parts together: Trade, vertical linkages, and business cycle comovement [J]. American Economic Journal: Macroeconomics, 2 (2): 95-124.

[61] Ductor L, Leiva-Leon D, 2016. Dynamics of global business cycle interdependence [J]. Journal of International Economics, 102: 110-127.

[62] Duval M R A, Cheng M K C, Oh K H, et al. , 2014. Trade integration and business cycle synchronization: A reappraisal with focus on Asia [R]. IMF working Paper, 14 (52).

[63] Duval R, Li N, Saraf R, et al. , 2016. Value-added trade and business cycle synchronization [J]. Journal of International Economics, 99: 251-262.

[64] Ederington L H, Guan W, 2010. How asymmetric is US stock market volatility? [J]. Journal of Financial Markets, 13 (2): 225-248.

[65] Eisfeldt A L, Papanikolaou D, 2013. Organization capital and the cross-section of expected returns [J]. The Journal of Finance, 68 (4): 1365-1406.

[66] Elbourne A, de Haan J, 2006. Financial structure and monetary policy transmission in transition countries [J]. Journal of Comparative Economics, 34 (1): 1-23.

[67] Epstein L G, Zin S E, 1989. Substitution, risk aversion, and the tempo-

ral behavior of consumption and asset returns: A theoretical framework [J]. Econometrica, 57 (4): 937-969.

[68] Faia E, 2007. Finance and international business cycles [J]. Journal of Monetary Economics, 54 (4): 1018-1034.

[69] Fernandez-Arias E, Montiel P J, 1996. The surge in capital inflows to developing countries: An analytical overview [J]. The World Bank Economic Review, 10 (1): 51-77.

[70] Fernández-Villaverde J, Guerrón-Quintana P, Rubio-Ramírez J F, et al., 2011. Risk matters: The real effects of volatility shocks [J]. American Economic Review, 101 (6): 2530-2561.

[71] Fernández-Villaverde J, Rubio-Ramírez J, 2010. Macroeconomics and volatility: Data, models, and estimation [R]. National Bureau of Economic Research.

[72] Fink F, Schüler Y S, 2015. The transmission of us systemic financial stress: Evidence for emerging market economies [J]. Journal of International Money and Finance, 55: 6-26.

[73] Fogli A, Perri F, 2015. Macroeconomic volatility and external imbalances [J]. Journal of Monetary Economics, 69: 1-15.

[74] Frankel J A, Rose A K, 1998. The endogenity of the optimum currency area criteria [J]. The Economic Journal, 108 (449): 1009-1025.

[75] Gete P, Melkadze G, 2018. Aggregate volatility and international dynamics. The role of credit supply [J]. Journal of International Economics, 111: 143-158.

[76] Giannone D, Lenza M, Reichlin L, 2010. Business cycles in the Euro area [M]. Chicago: University of Chicago Press.

[77] Giardino-Karlinger L, 2002. The impact of common currencies on financial markets: A literature review and evidence from the euro area [R]. Staff Working Papers from Bank of Canada.

[78] Gilchrist S, Sim J W, Zakrajšek E, 2014. Uncertainty, financial fric-

tions, and investment dynamics [R]. National Bureau of Economic Research.

[79] Gourinchas P O, Jeanne O, 2006. The elusive gains from international financial integration [J]. The Review of Economic Studies, 73 (3): 715-741.

[80] Greenwood J, Hercowitz Z, Huffman G W, 1988. Investment, capacity utilization, and the real business cycle [J]. American Economic Review: 402-417.

[81] Guillaumin C, 2009. Financial integration in East Asia: Evidence from panel unit root and panel cointegration tests [J]. Journal of Asian Economics, 20 (3): 314-326.

[82] Hamilton J D, 2018. Why you should never use the hodrick-prescott filter [J]. Review of Economics and Statistics, 100 (5): 831-843.

[83] Hartman R, 1972. The effects of price and cost uncertainty on investment [J]. Journal of Economic Theory, 5 (2): 258-266.

[84] Heathcote J, Perri F, 2002. Financial autarky and international business cycles [J]. Journal of Monetary Economics, 49 (3): 601-627.

[85] Heathcote J, Perri F, 2004. Financial globalization and real regionalization [J]. Journal of Economic Theory, 119 (1): 207-243.

[86] Heathcote J, Perri F, 2013. The international diversification puzzle is not as bad as you think [J]. Journal of Political Economy, 121 (6): 1108-1159.

[87] Hoffmann M, Krause M U, Tillmann P, 2019. International capital flows, external assets and output volatility [J]. Journal of International Economics, 117: 242-255.

[88] Huo Z, Levchenko A A, Pandalai-Nayar N, 2019. International co-movement in the global production network [R]. National Bureau of Economic Research.

[89] Ilzetzki E, Reinhart C M, Rogoff K S, 2019. Exchange arrangements entering the twenty-first century: Which anchor will hold? [J]. The Quarterly Journal of Economics, 134 (2): 599-646.

[90] Imbs J, 2004. Trade, finance, specialization, and synchronization [J]. Review of Economics and Statistics, 86 (3): 723-734.

［91］Imbs J, 2006. The real effects of financial integration ［J］. Journal of International Economics, 68 (2): 296-324.

［92］Jermann U J, 1998. Asset pricing in production economies ［J］. Journal of monetary Economics, 41 (2): 257-275.

［93］Jermann U, Quadrini V, 2012. Macroeconomic effects of financial shocks ［J］. American Economic Review, 102 (1): 238-271.

［94］Johri A, Letendre M A, Luo D, 2011. Organizational capital and the international co – movement of investment ［J］. Journal of Macroeconomics, 33 (4): 511-523.

［95］Kaihatsu S, Kurozumi T, 2014. Sources of business fluctuations: Financial or technology shocks? ［J］. Review of Economic Dynamics, 17 (2): 224-242.

［96］Kalemli-Ozcan S, Papaioannou E, Perri F, 2013a. Global banks and crisis transmission ［J］. Journal of International Economics, 89 (2): 495-510.

［97］Kalemli-Ozcan S, Papaioannou E, Peydró J L, 2013b. Financial regulation, financial globalization, and the synchronization of economic activity ［J］. The Journal of Finance, 68 (3): 1179-1228.

［98］Kalemli-Ozcan S, Sørensen B E, Yosha O, 2001. Economic integration, industrial specialization, and the asymmetry of macroeconomic fluctuations ［J］. Journal of International Economics, 55 (1): 107-137.

［99］Kehoe P J, Perri F, 2002. International business cycles with endogenous incomplete markets ［J］. Econometrica, 70 (3): 907-928.

［100］Khan A, Thomas J K, 2013. Credit shocks and aggregate fluctuations in an economy with production heterogeneity ［J］. Journal of Political Economy, 121 (6): 1055-1107.

［101］Kim K, Pyun J H, 2018. Exchange rate regimes and the international transmission of business cycles: Capital account openness matters ［J］. Journal of International Money and Finance, 87: 44-61.

［102］Kim S, Kim S H, Wang Y, 2006. Financial integration and consumption risk sharing in East Asia [J]. Japan and the World Economy, 18 (2): 143-157.

[103] Kim S, Lee J W, 2012. Real and financial integration in East Asia [J]. Review of International Economics, 20 (2): 332-349.

[104] Kim S, Lee J W, Shin K, 2008. Regional and global financial integration in East Asia [J]. China, Asia and the New World Economy: 168-200.

[105] Klein M W, Shambaugh J C, 2008. The dynamics of exchange rate regimes: Fixes, floats, and flips [J]. Journal of International Economics, 75 (1): 70-92.

[106] Kollmann R, 2005. Solving non-linear rational expectations models: Approximations based on taylor expansions [R]. Working Paper, University Paris XII.

[107] Kollmann R, 2015a. Exchange rates dynamics with long-run risk and recursive preferences [J]. Open Economies Review, 26 (2): 175-196.

[108] Kollmann R, 2015b. Tractable latent state filtering for non-linear DSGE models using a second-order approximation and pruning [J]. Computational Economics, 45 (2): 239-260.

[109] Kollmann R, 2016. International business cycles and risk sharing with uncertainty shocks and recursive preferences [J]. Journal of Economic Dynamics and Control, 72: 115-124.

[110] Kollmann R, 2019. Explaining international business cycle synchronization: Recursive preferences and the terms of trade channel [J]. Open Economies Review, 30 (1): 65-85.

[111] Kollmann R, Enders Z, Müller G J, 2011. Global banking and international business cycles [J]. European Economic Review, 55 (3): 407-426.

[112] Kose M A, Prasad E S, Terrones M E, 2003. How does globalization affect the synchronization of business cycles? [J]. American Economic Review, 93 (2): 57-62.

[113] Kose M A, Yi K M, 2006. Can the standard international business cycle model explain the relation between trade and comovement? [J]. Journal of In-

ternational Economics, 68 (2): 267-295.

[114] Krugman P, 1991. Geography and trade [M]. Cambridge: The Mit Press.

[115] Kubelec C, Sá F, 2010. The geographical composition of national external balance sheets: 1980-2005 [R]. Bank of England, Working Paper No. 384.

[116] Laeven M L, Valencia M F, 2018. Systemic banking crises revisited [R]. IMF Working Paper, 18 (206): 1.

[117] Lane P R, Milesi-Ferretti G M, 2007. The external wealth of nations mark Ⅱ: Revised and extended estimates of foreign assets and liabilities, 1970-2004 [J]. Journal of International Economics, 73 (2): 223-250.

[118] Levy-Yeyati E, Sturzenegger F, 2003. A de facto classification of exchange rate regimes: A methodological note [J]. American Economic Review, 93 (4): 1173-1193.

[119] Lewis K K, 1996. What can explain the apparent lack of international consumption risk sharing? [J]. Journal of Political Economy, 104 (2): 267-297.

[120] Lewis K K, 2000. Why do stocks and consumption imply such different gains from International risk sharing? [J]. Journal of International Economics, 52 (1): 1-35.

[121] Lhuissier S, Tripier F, et al., 2016. Do uncertainty shocks always matter for business cycles [R]. Centre d'Etudes Prospectives et d'Informations Internationales Research Center.

[122] Lustig H, Syverson C, Van Nieuwerburgh S, 2011. Technological change and the growing inequality in managerial compensation [J]. Journal of Financial Economics, 99 (3): 601-627.

[123] Mandelman F S, 2010. Business cycles and monetary regimes in emerging economies: A role for a monopolistic banking sector [J]. Journal of International Economics, 81 (1): 122-138.

[124] Mandelman F S, Rabanal P, Rubio-Ramirez J F, et al., 2011. Investment-specific technology shocks and international business cycles: An empiri-

cal assessment〔J〕. Review of Economic Dynamics, 14 (1): 136-155.

　　〔125〕McCauley R N, Bénétrix A S, McGuire P M, et al., 2019. Financial deglobalisation in banking?〔J〕. Journal of International Money and Finance, 94: 116-131.

　　〔126〕Mélitz J, Zumer F, 1999. Interregional and international risk-sharing and lessons for emu〔C〕. Carnegie-Rochester Conference Series on Public Policy, Elsevier, 51: 149-188.

　　〔127〕Mencia J, Sentana E, 2013. Valuation of vix derivatives〔J〕. Journal of Financial Economics, 108 (2): 367-391.

　　〔128〕Mendoza E G, 2010. Sudden stops, financial crises, and leverage〔J〕. American Economic Review, 100 (5): 1941-1966.

　　〔129〕Menno D, 2014. Multinational firms and business cycle transmission〔C〕. Hamburg: VFS Annual Conference: Evidence-based Economic Policy.

　　〔130〕Morgan D P, Rime B, Strahan P E, 2004. Bank integration and state business cycles〔J〕. The Quarterly Journal of Economics, 119 (4): 1555-1584.

　　〔131〕Mumtaz H, Theodoridis K, 2015. The international transmission of volatility shocks: An empirical analysis〔J〕. Journal of the European Economic Association, 13 (3): 512-533.

　　〔132〕Neumeyer P A, Perri F, 2005. Business cycles in emerging economies: The role of interest rates〔J〕. Journal of Monetary Economics, 52 (2): 345-380.

　　〔133〕Nuguer V, 2016. Financial intermediation in a global environment〔J〕. International Journal of Central Banking, 9 (45): 291-344.

　　〔134〕Obstfeld M, 1993. International capital mobility in the 1990s〔R〕. National Bureau of Economic Research Cambridge, Mass achusetts, USA.

　　〔135〕Obstfeld M, 1994. Evaluating risky consumption paths: The role of intertemporal substitutability〔J〕. European economic review, 38 (7): 1471-1486.

　　〔136〕Oi W Y, 1961. The desirability of price instability under perfect competition〔J〕. Econometrica: Journal of the Econometric Society, 29: 58-64.

　　〔137〕Otto G, Voss G, Willard L, et al., 2001. Understanding OECD output correlations [R]. Reserve Bank of Australia Research Discussion Papers (December).

[138] Pancaro C, 2010. Macroeconomic volatility after trade and capital account liberalization [R]. World Bank Policy Research Working Paper (5441).

[139] Park C Y, Lee J W, 2011. Financial integration in emerging Asia: Challenges and prospects [J]. Asian Economic Policy Review, 6 (2): 176-198.

[140] Perri F, Quadrini V, 2018. International recessions [J]. American Economic Review, 108 (4-5): 935-984.

[141] Popescu A, Smets F, 2010. Uncertainty, risk-taking, and the business cycle in Germany [J]. CESifo Economic Studies, 56 (4): 596-626.

[142] Pyun J H, An J, 2016. Capital and credit market integration and real economic contagion during the global financial crisis [J]. Journal of International Money and Finance, 67: 172-193.

[143] Rangvid J, Santa-Clara P, Schmeling M, 2016. Capital market integration and consumption risk sharing over the long run [J]. Journal of International Economics, 103: 27-43.

[144] Reinhart C M, Rogoff K S, 2004. The modern history of exchange rate arrangements: A reinterpretation [J]. The Quarterly Journal of Economics, 119 (1): 1-48.

[145] Rouillard J F, 2018. International risk sharing and financial shocks [J]. Journal of International Money and Finance, 82: 26-44.

[146] Schmitt-Grohé S, Uribe M, 2004. Solving dynamic general equilibrium models using a second-order approximation to the policy function [J]. Journal of Economic Dynamics and Control, 28 (4): 755-775.

[147] Schmitt-Grohé S, Uribe M, 2009. Perturbation methods for the numerical analysis of DSGE models: Lecture notes [R]. Citeseer.

[148] Schnabel I, Seckinger C, 2015. Financial fragmentation and economic growth in Europe [J/OL]. SSRN Electronic Journal, DOI: 10.2139/ssrn.2599063.

[149] Shin K, Sohn C H, 2006. Trade and financial integration in East

Asia：Effects on co-movements ［J］. World Economy，29（12）：1649-1669.

［150］ Silva-Yanez L E，2020. Essays on macroeconomic uncertainty and capital flows ［D］. New York：City University of New York.

［151］ Skintzi V D，Refenes A N，2006. Volatility spillovers and dynamic correlation in European bond markets ［J］. Journal of International Financial Markets，Institutions and Money，16（1）：23-40.

［152］ Stiglitz J E，2000. Capital market liberalization，economic growth，and instability ［J］. World Development，28（6）：1075-1086.

［153］ Stock J H，Watson M W，2003. Has the business cycle changed？ Evidence and explanations ［J］. Monetary Policy and Uncertainty：Adapting to a Changing Economy：9-56.

［154］ Sørensen B E，Wu Y T，Yosha O，et al. ，2007. Home bias and international risk sharing：Twin puzzles separated at birth ［J］. Journal of International Money and Finance，26（4）：587-605.

［155］ Sørensen B E，Yosha O，1998. International risk sharing and European monetary unification ［J］. Journal of International Economics，45（2）：211-238.

［156］ Tretvoll H，2018. Real exchange rate variability in a two-country business cycle model ［J］. Review of Economic Dynamics，27：123-145.

［157］ Van Wincoop E，1994. Welfare gains from international risksharing ［J］. Journal of Monetary Economics，34（2）：175-200.

［158］ Van Wincoop E，1998. How big are potential welfare gains from international sharing？ ［R］. FRB of New York Staff Report （37）.

［159］ Van Wincoop E，1999. How big are potential welfare gains from international risksharing？ ［J］. Journal of International Economics，47（1）：109-135.

［160］ Weil P，1989. The equity premium puzzle and the risk-free rate puzzle ［J］. Journal of Monetary Economics，24（3）：401-421.

［161］ Weil P，1990. Nonexpected utility in macroeconomics ［J］. The Quarterly Journal of Economics，105（1）：29-42.

［162］Yao W, 2019. International business cycles and financial frictions ［J］. Journal of International Economics, 118: 283-291.

［163］Yoshimi T, 2009. The effects of financial integration on structural similarity: Consumption risk-sharing and specialization ［J］. The International Economy, 2009 (13): 50-64.

［164］Yu I W, Fung K P, Tam C S, 2010. Assessing financial market integration in Asia-Equity markets ［J］. Journal of Banking and Finance, 34 (12): 2874-2885.

［165］陈磊, 张军, 2017. 金砖国家经济周期协同性及其传导机制 ［J］. 数量经济技术经济研究, 34 (3): 95-111.

［166］黄智淋, 2017. 全球化有助于促进经济增长吗 ［J］. 统计研究, 34 (7): 71-81.

［167］李磊, 张志强, 万玉琳, 2011. 全球化与经济周期同步性——以中国和 OECD 国家为例 ［J］. 世界经济研究 (1): 14-20+87.

［168］马丹, 何雅兴, 2019. 危机传递、逆全球化与世界经济周期联动性 ［J］. 统计研究, 36 (7): 77-90.

［169］梅冬州, 赵晓军, 2015. 资产互持与经济周期跨国传递 ［J］. 经济研究, 50 (4): 62-76.

［170］汤凌霄, 欧阳峣, 皮飞兵, 2014. 金砖国家外汇储备波动的协动性及其影响因素——基于 SPSS 因子分析和协整分析法 ［J］. 大国经济研究, 49 (1): 112-126.

［171］王博, 徐飘洋, 2021. 经济不确定性, 资产再平衡与中国经济波动 ［J］. 当代经济科学, 43 (1): 18-33.

［172］王有鑫, 王祎帆, 杨翰方, 2021. 外部冲击类型与中国经济周期波动——兼论宏观审慎政策的有效性 ［J］. 国际金融研究 (3): 14-26.

［173］于震, 李晓, 丁一兵, 2014. 东亚经济周期同步性与区域经济一体化 ［J］. 数量经济技术经济研究, 31 (8): 21-38.